あるく・はなす・かんがえる

ウルリケ・ペッター　入間カイ訳

あるく・はなす・かんがえる

——ウルリケ・ペッター講義録

水声社

目次

II　教師と保育者の自己教育——修行とは何か？　115

I 歩く・話す・考える

――子どもが育つみちすじ

「歩くこと、話すこと、考えること」とは

今日から取り上げるテーマは三つあります。運動発達、言語発達、そして思考発達というものです。

先ず最初に、この「歩くこと、話すこと、考えること」についてきわめて一般的なお話をしておきたいと思います。そのうえで、はじめに運動発達についてお話しします。そして、二コマ目では言語発達について、そして明日の三コマ目では思考発達についてお話しします。ご存知のように、この三つは本当に広大な分野で、今回お話しできることは本当に限られています。

先ず最初に導入のお話をしたいと思います。

歩くことの根底には運動発達があります。運動発達の中で、立ち上がるようになって、歩くことが始まります。また、言語と思考、話すことと考えることは、人間に特有の特徴です。歩くこと、話すこと、考えることによって私たちは人間として成立するといえます。運動発達は私たちを導いて、私たちが大地と天との間に立つ、ということを可能にしてくれます。実のところ、私たちはこの立位、直立二足歩行という能力によって、この地上から自分を引き上げています。立つことによって両手が自由になります。両手が大地に縛られるという束縛から解放されます。どういうことかというと、立つことによって私たちの手は心の器官、魂の器官になるわけです。

たとえば、私たちはこの手を使って、何かを人に差し出し、与え、そしてまた受けとることができます。したがって、手というのは社会的な器官ともいえます。この手を使っていろいろな行為が可能になります。あるいは自分の手に訓練を施し、この手を使って楽器を演奏することもできるようになります。また、この手を使って他の人々を傷つけることもできれば、この手を使って他の人々に善きことをなすこともできます。

また、立って歩くところから、さらに言語や思考が発達することによって、私たちの足自体も、ただ地上を歩くだけのものから引き上げられます。私たちのこの両足は、運命の導きのもとに自分が行くべきところへ運んでくれる、そういう器官になるのです。この足を使って移動できるからこそ、他の人と出会うことや、自分らしい行為を行なう場所に赴くこともできます。ある意味では、私たちの両足は、私たちの頭よりも賢いといえます。というのも、この両足は、私たちが無意識のうちに、ある特定の場所に連れて行ってくれて、そこで一生を変えてしまうような出会いが起こることもあるからです。つまり、頭ではまったく計画もしていないところへ導いてくれることがあるのです。

次に言語を見てみましょう。言語によっても、私たちは動物の次元から引き上げられます。動物も、たとえば虐待されたり辛い思いをしたりしたときは、叫び声や泣き声を上げることがあります。猫は、心地よいときには喉を鳴らします。鳥たちも、気持ちがいいときに歌をさえずります。犬は、自分の身が脅かされていると感じると、うなり声をあげます。動物たちは、状況によって、基本的な感情を声を使って表現することができます。人間であれば、感嘆詞だけで、アーとか、イーとか、エーという声だけでコミュニケーションをとるようなものです。そういう感嘆詞というか、声を上げることで、私たちは動物と共通した基礎感情を表現しているといえます。

しかし、人間はそれ以上に、自分の考えや意志、自分が何を目指しているのか、また自分はどう感じているのかをもっと細かく表現することができます。人間は、他の人たちの心に、自分のことばによって働きかけることができます。私たちはことばを使って他の人を傷つけることも、励ますこともできます。

そして最後に、思考という能力があります。思考には目覚めた意識が必要です。思考には、つねに自由の可能性が備わっています。私たちは、ある状況に身をおいたとき、その状況についてこう考えることも、ああ考えることもできるというふうに、自由に考えることができます。

このように見ていくと、歩くこと、話すこと、考えることは、私たち人間にとっての内的な道徳性、内的な精神性の基盤をなしていると思えてきます。動物には、道徳性を認めることはできません。なぜなら、動物たちは生物としての条件のままに行為しているからです。動物たちは自分の本能に従うしかないのです。たとえば、ある猫がねずみを捕獲したからといって、私たちはその行為を批判しようとは思わないでしょう。

しかし、人間の場合には、その行為の倫理性や道徳性が問われます。それは人間が歩くこと、話すこと、考えることによって、自分の行為、自分のことば、自分の考えを決定する能力があるからです。

以上のように考えることから、私たちは運動発達、言語発達、思考発達について学ぶ上での基本的な気分を身につけることができます。つまり、この三つは本当に人間という存在の核をなすものなのです。

したがって、そのように考えたとき、これらの発達をどのように支えていくかということには非常に大きな責任が伴うこともわかります。

生まれて間もない子どもが最初に行なう発達は運動発達です。その運動発達は感覚の発達とともに起こります。この運動発達と感覚発達は、脳内の言語野、もしくは言語能力の素質を形成します。そして、そこで形成された言語能力の中から、さらに思考が発達してきます。

このように話を進めていくと、反論する人も出てくるでしょう。というのも、子どもが自分の意思を表現できるようになる前、すでに赤ちゃんにも、思考と呼べるものが備わっていることがわかってきているからです。しかし、乳幼児の中で、意識的な思考が始まる前に生じている思考は、いってみれば身体の中、四肢の中に入り込んだ思考です。幼い子どもは、考えながら行為している、考えながら動いているといえます。これについては、明日、思考発達を取り上げるときにもう少しわかりやすくお話しできると思います。

今の時点で押さえておいていただきたいのは、ここでいう思考とは、いわば自分の意識によって導かれた思考であり、それは言語の発達とともに起こるということです。

運動発達・言語発達・思考発達のみちすじ

それでは、これから運動発達、言語発達、思考発達の過程を辿っていきたいのですが、これらの発達過程をたどることによって、いかにこの三つの発達過程が、一人ひとりの子どもの運命の展開に非常に大きな影響を及ぼすものであるかがおわかりになると思います。

私たちを取り巻く自然界、地球環境には四つの領域を見ることができます。鉱物界、植物界、動物界、人間界といわれるものです。これらの四つの領域は物質次元に、目にみえる形で現れています。しかし、この世界はこれら四つの領域だけで構成されているわけではありません。その上にもさらに目にみえない、物質では構成されていない領域を考えることができます。世界中のさまざまな民族もしくは文化を見れば、たいがい人間の上にさらに目にはみえない存在がいると信じられています。これらの目にみえない存在たちは、それぞれの文化によって異なる名前を持っています。

たとえば、どの文化圏に行っても、西洋の「天使」に相当する存在たちがいて、彼らをめぐる物語があります。人間に一番身近なところに、天使という存在がいるのです。天使というのは、一人ひとりの人間、個人に寄り添う働きのことです。

個人に寄り添う天使の上に、西洋ではさらに「大天使」がいます。この大天使は、民族とか共同体に寄り添うものです。たとえばここにいらっしゃる皆さんは、日本人であることによって、人類全体の中にある特有の課題、特有の色合いを持ち込んでいます。そのような民族や集団の固有のあり方をもたらす働きを、大天使と呼ぶことができます。それは個人に寄り添う働きとは別の、民族や集団の運命や課題に関わる領域です。

その上にさらに第三の領域があります。その領域は、時代の運命、時代の課題と関わっています。私たちはみな、ある特定の時代を生きています。現代という時代の中で、私が経験することは、皆さんが経験することでもあります。時代に関わる経験は、人類全体に共通した意味を持っています。たとえば少し前の時代の人類は、今とは異なる経験をしていました。そして、かつての時代の人類が通過した経験が、今の人類の生活や活動の基盤となっています。

そのように目にみえない働きは、そうした時代に関わる領域の、さらにその先にも続いていくと考えることができますが、それについては今回は触れないでおこうと思います。

三つの目にみえない働き

これから私は、人間にとって一番身近な三つの目にみえない働きについてお話ししていきたいと思います。そして、具体的なイメージを持つために、あえて天使、大天使（民族精神）、時代精神という西洋のことばを使い、「生まれる前の世界」や「眠りの世界」といった一見、根拠のないようなお話しをします。それは皆さんに信じていただくためではなく、そういう見方や考え方から、運動発達、言語発達、思考発達に対してより深く、より生きいきと関われるようになると思うからです。

さて、私たちはこの地上に生まれてくる前、誰もがこれらの天使、大天使、時代精神という目にみえない働きと深く結びついていた、と考えることができます。これらの働きとともに、私たちは自分の運命を形成した、そして毎晩、夜、眠りに入ると、私たちはふたたびこれらの目にみえない働きとつながることになる、と考えるのです。

私たちがこの地上で行なうどんな行為も、運動発達が可能にしてくれたものです。そして私たちは言語や思考を使って、この世界に自分自身を表わしていきます。

私たちがどのような行為を行い、どのような言葉を発し、どのように考えるかによって、私たちが夜、眠っている間に、これらの目にみえない働きと深く集中的に関わるか、あるいはまったくそこを素通りしてしまうかが違ってきます。

夜、眠りの中で、私たちは自分が生きている時代の精神、時代精神との関わりの中に入っていきます。その日、目覚めているときの私たちの行為が倫理的なものであったなら、夜、眠っている間に私たちは時代精神の働きから力を受けとることになります。それはどういう力なのでしょうか。それは私たちの身体に働きかけて、身体の中の欲望や衝動、情動といったものから私たちを自由に解き放つ力です。その力によって、私たちは自分の身体を本当に自分の意志によって使うことができるようになります。しばしば私たちは、自分が本来やりたいと思っていることがあっても、自分の中から込み上げてくる欲望や情動によって妨げられることがあります。しかし人間愛からなされた行為、たとえば共感や反感にとらわれずに人間愛からなされた行為は、私たちにひとつの能力を与えます。それは肉体が魂に仕える能力、身体性が魂の役に立つための能力になるのです。

次に、私たちの言語、私たちが昼間語る言葉は、目にみえない第二の領域、つまり民族や共同体、集団に作用する層に関わっています。日中、私たちの言葉、言葉遣いは、他者への思いやりや、他者への愛情から汲みだされたものだったでしょうか？　それとも私たちの言葉は自分本位の、いわゆる目にみえることだけに捉われているものだったでしょうか？　いわば唯物主義にもとづく言葉を発していたのでしょうか？

どのように言葉を使ったかによって、私たちは夜、眠っている間に、この第二の層に接触したとき、そこからもある特定の力を受けとることができたり、できなかったりします。それはどういう力かというと、自分の言葉に関して、自分の内側からの欲望や情動に妨げられずに語ることができる力です。純粋に人のことを思って言葉を発することができるような、そういう言葉遣いができるようになる力を得るのです。「良心の呵責」といいますが、そういう「良心」の中から言葉を語れるようになります。そのような良心にもとづく言葉遣いが、日中、私たちが意識的に言葉を使い、夜の眠りの中で目にみえない働きから力を受けとることで、次第次第に鍛えられていきます。

そして、日中、どのように思考しているか，どのような考えをもっているかによって、私たちは夜の眠りの中で、一番身近な目にみえない領域、天使たちの層にいたります。そして、そこから私たちの思考そのものを生命化する力、生き生きとさせる力がもたらされるのです。この思考の生命化によって、私たちは気高い理想を受け入れたり、目にみえない精神的、霊的な事柄を考えたり、理解したりすることができるようになります。

発達の基盤になる運動発達

それでは、ふたたび運動発達を見てみたいと思います。私たちは常に運動しています。手を動かしたり、走ったり、歩いて移動するときだけでなく、飲んでいるときも、食べているときも、しゃべっているときも運動しています。どんな活動も運動なのです。運動というのは、私たちの全人格の基礎をなすものだといえます。

生まれてきた赤ちゃんが、最初に学習しなければならないことは何でしょうか？　それは、運動発達を通して、徐々に地球の重力に対する関係を築くこと、大地の力とのバランスをとっていくことです。自分が生まれ落ちた空間の中で、生きることを学習しなければなりません。そして、この空間との関わり方に習熟するためには、自分の身体との関わり方を学習する必要があります。

赤ちゃんは、生まれてきたときはまだこの世界を分析することはできません。これは運動発達の部分だとか、これは言語に関わることだとか、これは色彩だとかいうように、世界を振り分けて認識することはできないのです。

しかし、運動発達が進み、それとともに感覚発達も進んでいくと、これは色の体験、これは音の体験と振り分けて、だんだんに世界を分析することができるようになります。つまり、赤ちゃんはこの世界を最初は総合的に、全体として体験していて、その後だんだんに分析的に、個々のものとして体験するようになります。

しかし身体発達では、実はそれとは逆のことがいえます。生まれたばかりの頃は、子どもは自分の身体をまだまったく全体としては体験できていません。これは大人になった私たちにはなかなか想像できないことなのです。というのは、私たち大人にとっては、この手が自分に属していて、この頭が自分の身体に属していることは、まったく自明のことです。しかし、そのうえで自分の身体が一つの全体をなしていること、さまざまな部分からなる全体であることを理解するためには、幼いときの運動発達と感覚発達が進む必要があるのです。どういうことかと言うと、幼い子どもの身体、赤ちゃんの身体そのものは、最初は分析的なあり方をしています。赤ちゃんは自分の身体の個々の部分を最初はバラバラに体験し、それらを感覚発達や運動発達を通してひとつの全体として捉えられるようになるということです。そこでの道は、分析から総合へいたる道なのです。

ですから、一方では「子どもは徐々に世界を分析的に捉えられるようにならなければならない」と言えます。子どもは身体を動かし、感覚を働かせて世界を探究するなかで、次第に世界を分析的に捉えられるようになります。

それとは逆に、子どもの身体は、最初は部分的・分析的な状態から、感覚発達と運動発達を通して、ひとつの全体、統一体として体験されるようにならなければなりません。

発達とは、つねに運動を意味します。運動からこぼれ落ちたものは、もはや発達することはありません。運動からこぼれ落ちることは、生命からこぼれ落ちることであり、生命とは発達もしくは進化そのものです。死んだものはもはや動くことはありません。単なる物質もまた、動くことがありません。しかし、生きているものはすべて、それが植物であれ、動物であれ、人間であれ、必ず何らかの進化の過程、発達過程の中にあります。つまり、運動の中にあるのです。

ですから、子どもの発達遅滞、発達障害、または少し気になる、ということがあったときは、それを運動発達の観点から見ることができます。そして、運動発達におけるどんな一歩も、運動発達の中で何らかの前進がみられたときは、それは発達そのものの前進であるといえるのです。

さて、運動には二つの種類があるといえます。

一つは、機械的な運動です。たとえば、椅子を押して、それが動くというとき、その椅子は自発的に動いているのではなく、動かされています。

それに対して、内側から発する運動、内発的な運動があります。外から動かされるのではなく、私は動く、私は歩く、といえる運動です。

ここで皆さんに考えていただきたいのは、自然界の中で、そのような内発的な運動はどこから始まるのかということです。たとえば植物にも内発的な運動を見ることもできますが、それは一種の移行状態であって、植物の大部分は太陽の力によって、あるいは環境のさまざまな要因によって動かされています。

しかし、動物は内発的に運動します。それでは、動物にあって植物にないもの、動物の中に新しく発生したものは何でしょうか？　そのように考えるとき、植物になくて動物にあるのは、ひとつは感覚器であることがわかります。そして、感覚器とともに、感覚や感情が生じることがわかります。つまり、内発的な運動がどこから始まるかというと、それは動物たちのところから始まり、それは同時に感覚器や感覚・感情の発達をともなうということです。

動物は内側から、それも本能や欲動など、自分の衝動から内発的に動きます。人間も、そのような衝動や欲動にかられて動くことがありますが、同時に、倫理的な動機によって動くこともできます。人間には、運動する際に表象をつくる能力があります。自分はどのように動きたいのかというイメージ（表象）をつくることができます。また、人間にはインテンションがあります。

インテンションというのは、意図、志向性、目指していることという意味です。自分が運動するときの目標になるものです。人間は自分のインテンション、目指しているところに向かって動くことができるということです。それは人間の運動発達の目標でもあります。

たとえば私がヴァイオリンを習うというインテンション、意図を持っていたとします。最初、私の指はそれにふさわしい動きをしてくれません。複数の指が一緒になって動いてしまうでしょう。けれども、ヴァイオリンを弾くためには、私の指は一本一本、個別に動くようにならなければなりません。そうなって初めて、私はヴァイオリンを演奏するという意図に即して運動することができます。そこに運動発達の目標があるわけです。私の身体のあらゆる部分が、私の意図にしたがって動くようになる、ということです。私の身体の各部分は私の意図、私という自我に従う必要があるのです。その意味で、運動は、私と世界をつなぐ架け橋だといえます。私はこの世界で何かをなしたいと思います。しかし、実際に私がこの世界で何かをなし得るのは、私の身体が運動してくれるからなのです。

赤ちゃんや幼い子どもは、はじめから自分の意図にしたがって動けるわけではありません。赤ちゃんの動きは、最初は混沌としています。いわゆる原始反射が残っていて、赤ちゃんは自分で

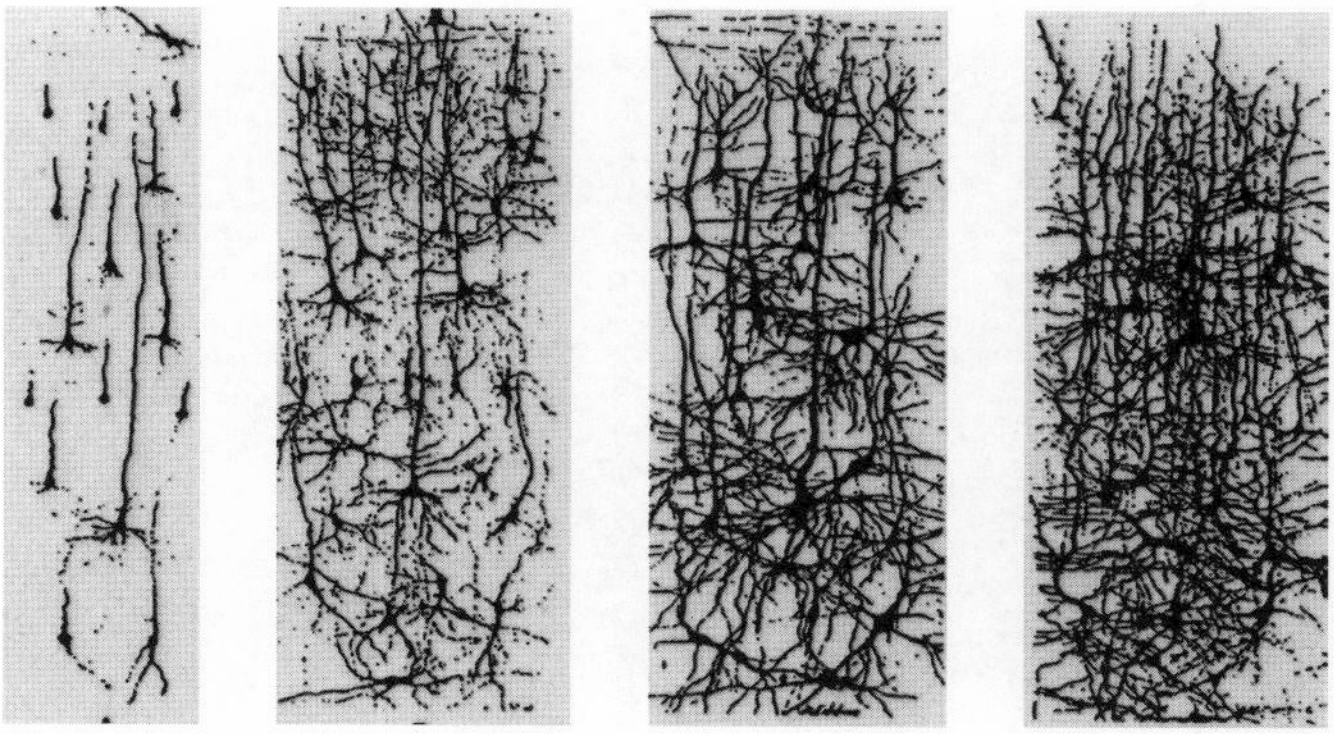

出生時　　生後 3 カ月　　生後 15 カ月　　生後 3 年以降

ヒトの脳の神経細胞シナプスの顕微鏡写真
（Michaela Glöckler, *Gesundheit durch Erziehung*, 2006.〔『医療と教育を結ぶシュタイナー教育』石川公子，塚田幸三訳，群青社〕）

内発的に動くというよりも、原始反射によって身体が動かされています。赤ちゃんは自分の感覚を使い、世界と関わり、世界とやりとりし、まわりの人々を模倣する中で、自分の運動能力を発達させていきます。

人間の発達はどのように進むのでしょうか？　子どもたちは身体の末端部を動かすことで、自分の脳をいわば外側から中心に向かって形成していきます。ですから、実は子どもは自分の手足を使って、思考器官である脳、私たちが考えるために必要な脳を形成しているといえるのです。生まれたばかりの新生児の脳の神経細胞は、この図（前頁参照）のようにまだほとんど回路をつくれていません。しかし生後三カ月になると、もっと神経細胞の回路、結合が密になってきます。

生後十五カ月になると、さらにその密度が増しています。二歳児になると、脳の神経細胞はずいぶんと回路を密にしてきています。

このような神経細胞の回路網、回路と回路のネットワークは、赤ちゃんが運動し、感覚の刺激を受け、環境と触れ合うことによって形成されていきます。赤ちゃんは、自分の末端部、手足を動かすことで、そして感覚を働かせることで、自分の脳を外側から形成していくのです。そして、その脳を使って、今度は自分の体験を内面化する、内的に捉えることができるようになります。
動物学では、こんな観察をすることができます。動物の進化の過程で、脳の発達はまさに手足への依存を通して進んでいくということです。四肢、手足がだんだんに細かく形成されていくことと、脳の形成とは並行して起こるのです。

以上のことから、赤ちゃんの時代に、自分の活動を通して身につけていくものが、その後、今度は子どもの心の中に内面化されていくことがわかります。つまり、最初は身体を使って、外側からの刺激により運動発達や感覚発達が生じます。次に、それを基盤として、今度は脳内で、自分の内面で、思考を動かす、考えを動かすことができるようになるのです。

実のところ、私たちの手足は世界に属しているのです。たとえば手を見てみましょう。上腕には骨は一本しかありません。しかし、肘から先の前腕には骨は二本あります。さらにその先の手首には四個ずつ二列に並んだ八つの小さな骨があります。手首の先には五本の中手骨という骨が伸びていて、その先に二節または三節からなる指の骨があって、それが世界に通じているのです。
そのように私たちの手足のつくりは、まるで手足を使って世界と融合するために、世界に向かって私たちの手や足がどんどん細かく分化して、世界の中に入り込んでいくようになっています。

したがって、私たちの手足に何らかの障害が生じたり、失われたり、麻痺したりすれば、それによって世界との関わりが制限されることになります。

人間の手足の構造を見ると、そのあり方は動物より一歩手前で止まっているようです。動物は自分のからだによって規定されています。いわば、からだから教えを受けているのです。たとえば鳥は羽根を使って飛ぶこと以外はできません。羽根を使って土を掘り起こすことはできないわけです。鳥の羽根はまさに飛ぶために特殊化され、非常に進化しています。その点で、私たちの手よりはるかに精度が高いのです。また、魚はまさに泳ぐために、非常に優れたつくりをしています。動物はみなそのように特殊化、専門化を突き進めていったあり方をしています。そしてそのような身体の特殊化、身体の専門化が、動物たちに自分のからだを使って何ができるかを常に教えているのです。たとえば動物が突如として決意をして、これからは自分の羽根を使って土を掘り起こそうと考えることはできません。

それに対して私たち人間の手足は決して専門化、特殊化されたものではありません。だからこそ、幼い子どもたちはひたすら時間をかけて、自分の手足を動かし、この手足を使って何ができるのかを自分で自分に教えていかなければならないのです。そこでは手足と自分の意図との関係が逆転しています。動物たちは自分の手足から、自分に何ができるのかを学んでいきます。手足が動物に教えています。それに対して、人間は自分の意図、自分の考えをもって、自分の手足に教えていかなければなりません。どうやって文字を書くか、どうやって自転車に乗るかということを、身体に教えていかなければならないのです。だからこそ私たちはこの手足を使って無限に多くのことを為すことができます。特殊化されていないからこそ、それだけの可能性があるのです。私たちは道具を使うこと、泳ぐこと、楽器を演奏すること、そういういろんなことができますが、それにはそのつど、努力や練習が必要になるわけです。しかし、私たちの手足が特殊化されていなくて、自分で自分の手足に教えていかなければならないからこそ、私たちには信じられないほどの自由が備わっていることにもなるのです。私たちは固定された存在ではありません。そして、私たちの運動発達を通して、この身体はだんだんに繊細になり、心の方から内発的に発してくる衝動を受けとめて、それにしたがうことができるようになるわけです。

運動発達のみちすじ

それではここで運動発達の過程を見ていきましょう。

運動発達は、どんな小さな運動でも、全身が関与することで起こります。たとえば乳児を見ると、片方の手が上がれば、もう片方の手も上がります。片方の足が動けば、もう片方の足も一緒に動きます。赤ちゃんは、一つひとつの身体の部分を個別に動かすことをまず学習しなければなりません。赤ちゃんは自分では身体を全体として意識していませんが、身体は、最初は一緒になって全体として動いています。その後、運動発達は頭部から足に向かって進んでいきます。

もうひとつの運動発達の動きは中心から周辺に向かって、つまり粗大運動から微細運動に向かって進みます。最初に優位な現れ方をするのは屈伸運動、身体を縮める動きです。伸長運動、身体を伸ばす運動は私たちを目覚めさせます。そのため、日中、背筋を伸ばしているときは目覚めています。それに対して、私たちは疲れているとき、眠くなるとき、身体をまるめていきます。

また、赤ちゃんは生まれるときは産道を通って、まっすぐに身体を伸ばした、いわば直立姿勢でこの世に降りてきます。そのような姿勢で、目覚め、覚醒しなければならないこの地上に降りてくるのです。しかし、地上に生まれ落ちるとすぐ、赤ちゃんは直ちに身をかがめて、屈伸姿勢になります。そのような身体のあり方の中で、赤ちゃんの意識はまだまったく目覚めてはいないわけです。そして非常にゆっくり、時間をかけて、またふたたび伸長運動、身体を伸ばす運動に入っていきます。赤ちゃんの身体はすべてがゆるやかに曲がっています。指もゆったりと閉じています。運動発達は、そのような屈伸と伸長、腕を伸ばしたり縮めたりするような運動の繰り返しの中で起こるのです。

原始反射と誕生後の運動発達

最初に赤ちゃんが必要とするのは、自分の原始反射との関わりです。原始反射というのは、赤ちゃんは最初はいわば「外側から動かされている」ということを意味しています。反射とは不随意に、自分の意志とは関係なしに動くということです。

たとえばひとつの原始反射は、赤ちゃんが身をかがめて寝ているとき、片方に顔を向けると、顔が向いた側の手足が伸びて、反対側の手足が曲がります。それによって赤ちゃんは身体を伸ばすとはどういうことかを学習します。はじめに、赤ちゃんは、自分の身体を通して伸長運動を学びます。赤ちゃんにはいくつもの原始反射が備わっています。それについては今回はお話しませんが、原始反射は何のために存在するかというと、運動の可能性、運動発達を教えるために存在するのだといえます。

赤ちゃんが生まれたときには、すべての原始反射はすでに備わっています。原始反射の成熟を基盤に、赤ちゃんの運動発達は始まります。

次に、赤ちゃんは首を、顔を上げるようになります。頭を持ち上げては、また頭が落ちます。私たちはみな経験上、赤ちゃんは首を支えてあげなければならないことを知っています。そうでなければ首が後ろにのけぞってしまうからです。赤ちゃんは、うつぶせになっているときは何度も何度も自分で頭を持ち上げようとします。そうすることで首の筋肉を鍛え、自分の頭を自分で支えられるようにしていきます。別の言い方をするなら、人間の頭部は、赤ちゃんの混沌とした全身運動の中から、最初に自らの力で解放されようとする部分であるといえます。

生後三カ月にもなると、赤ちゃんは自分の力で頭部を持ち上げようとします。そのとき、両手を使って自分の身体を支えますが、すぐに疲れてまた頭を下にたれてしまいます。生後七カ月になると、本当に首がすわり、自分の意志で頭を支えることができるようになります。

生後二カ月間は、健常な子どもであれば自分の手を大体、頭の高さにおいています。母親の胎内で赤ちゃんの両手がだんだん上に上がって頭部に到達するわけです。そしてその状態を出生後もしばらくは維持しています。

生後三カ月ぐらいになると、赤ちゃんは自分の手を何度も眺めるようになります。また自分の前腕を使って身体を支えるということが始まります。

生後四カ月になると今度は両手をついて、腕を伸ばしからだ全体を持ち上げるようになります。両足が発達するまでにはまだ時間がかかります。足の発達は一番時間がかかって、長いあいだ常に曲がった状態にあります。生後四カ月ぐらいになると、しばしば赤ちゃんは自分の足を口まで持ってきます。幼稚園に上がった子どもたちの意識がまだ鈍いときには、子どもが足を口に入れることを意図的に治療的に用いることができます。それはシュタイナーの『治療教育講座』に出てきます。

生後三カ月半から四カ月半ぐらいの間に、受動的な回転運動が始まります。まだ能動的ではないのです。それは最初は頭部から始まります。頭がどちらかの方向に向き、次に肩がそれに続き、足が交叉して、そして回転します。その逆のパターンは足から始まり、足が交叉して、肩が続き、頭が続きます。実際の能動的な回転運動は、生後五カ月から六カ月頃に始まります。赤ちゃんは何らかの対象物、気になるものを見つけ、頭を持ち上げてそちらを見て、それから身体がその方向に動きます。

それから次第におすわりの行動が始まります。最初の一歩は、片腕をついて身体を持ち上げ、もう片方の手が自由になるということです。ただし、両足はまだ曲がっています。本当に自由に座ること、つまり両手が自由に使えるような形でおすわりができるのは、大体九カ月から十カ月頃になります。

その次に、はいはいやいざり（躄）が始まります。

生後十～十一カ月頃、はいはいが始まります。このはいはいによって、実のところ何が獲得されているのでしょうか。

一つには、頭部がより強化されます。ここには、ふたたび頭を持ち上げるという運動があるのです。

次に、まなざしです。視線を一つの対象物に向け、焦点を合わせることができるようになります。また、手首の関節が曲がることで、それまでは手と腕が一体化していたところから、それぞれ別々の働きをするようになります。

平衡感覚が育ちはじめる

また平衡感覚が育ってきます。子どもの平衡感覚が活性化します。

さらに背骨そのものが回転するようになります。背骨の回転は、実際に子どもが立位で歩くために必要なことです。しかし、はいはいを通して獲得する能力を、別の仕方で獲得する子どももいます。はいはいをしなかったからといって、後からでもはいはいをやり直す必要があるとは限りません。ただし、何かがうまくいかなかったとき、何らかの能力が損なわれているときには、はいはいをもう一度繰り返す必要があるかもしれません。

立位にいたるまでは、だいたい十四〜十五カ月ぐらいでつかまり立ちができるようになり、何かにつかまりながら歩くということが始まります。もちろん、それには個人差があり、十二カ月ぐらいで始める子どもたちもいます。

そして十六～十七カ月になると、自分で歩けるようになります。ただ、そのときの子どもは、前のめりになって進みます。というのも、自分でブレーキをかける力がまだないからです。

二歳になると、子どもの歩行はかなり確かなものになります。しかし、その足の回転、それから背骨の回転は、まだ三～四歳になるまで練習を必要としています。最初は、子どもは両手を上にあげたまま、足の間隔も広くあけて、歩きます。それはまだ子どもが本当に平衡、バランスをとる能力が発達していないからです。三～四歳になると、だんだん階段を自分で上り下りできるようになります。また四～五歳ぐらいになると階段を足を交互に動かして歩くことができるようになります。

さらに練習が、あるいは発達が必要なのは、全身を地面から離すこと、ジャンプすることです。最初は両足全体を使って飛び上がります。ほんのちょっとだけ飛び上がるのです。

五歳ぐらいになると片足で跳ぶことができるようになります。

だいたい六歳ぐらいまでにスキップができるようになり、小学校に上がる一つの目安になります。その後、縄跳びもできるようになります。

以上のような運動発達のテンポはきわめて個人差があります。でも、その順番、発達の順序は、すべての子どもにある程度は共通しています。したがって、幼稚園を卒園するまで、または小学校に入学、就学するまでに子どもの運動発達はだいたい完了しているといえます。

今日の話のはじめに、私は、子どもの運動発達の中にこそ、その人格の基盤が存在していると言いました。言い換えれば、その人間の個性が運動の中に現れるということです。ということは、私たちは運動発達については、一切介入してはならないということになります。もし私たち大人が、子どもの運動発達に介入するならば、それはその子どもの人格形成に介入することになり、個性を傷つけることになります。

たとえば、まだ子ども自身に準備ができていないのに、発達に先んじて歩かせようとしてはならないということです。つまり歩行器のようなものを与えることはしないほうがいいのです。歩行、歩くということは子どもの個性のなかから、自我の中から出てきます。そのような個性に対して、私たちは絶対的な敬意を払わなければなりません。

また初めから螺旋を描かせるような形で、子どもの運動に介入することもしません。子どもがさまざまな行動を自発的に学んでいかなければならない時期に、大人の側から一方的にその運動をさせるということはしないのです。したがって第一・七年期、七歳になる前には、フォルメン線描も決して行うことはありません。そのようなことをすれば、まだ子どもの体のなかで働いていなければならないエーテル体の動きを損なうことになるのです。また子どもに対して何の絵を描いたらいいか、何の絵を描いたらいけないのか、ということも言いません。

生後七年間は、子どもが自分の運動をどのように展開させたいかは、完全にその子どもの自由、自発性に任せなければなりません。たとえば、幼稚園のライゲンという一斉活動のなかではいろいろな動きを提供、提示します。またオイリュトミーの授業でも、その幼稚園の子どもに対して何らかの動きを提示、提案するわけです。しかしそれは単なる提案であって、オイリュトミーやライゲンのなかで行う動きを、子どもがしなければならないということではありません。決して要求ではないのです。

ここでいくつか絵を見てみたいと思います（次頁の図参照）。

これはエミー・ピクラーという人の本に示された運動発達の過程です。一番上はいわゆる受動

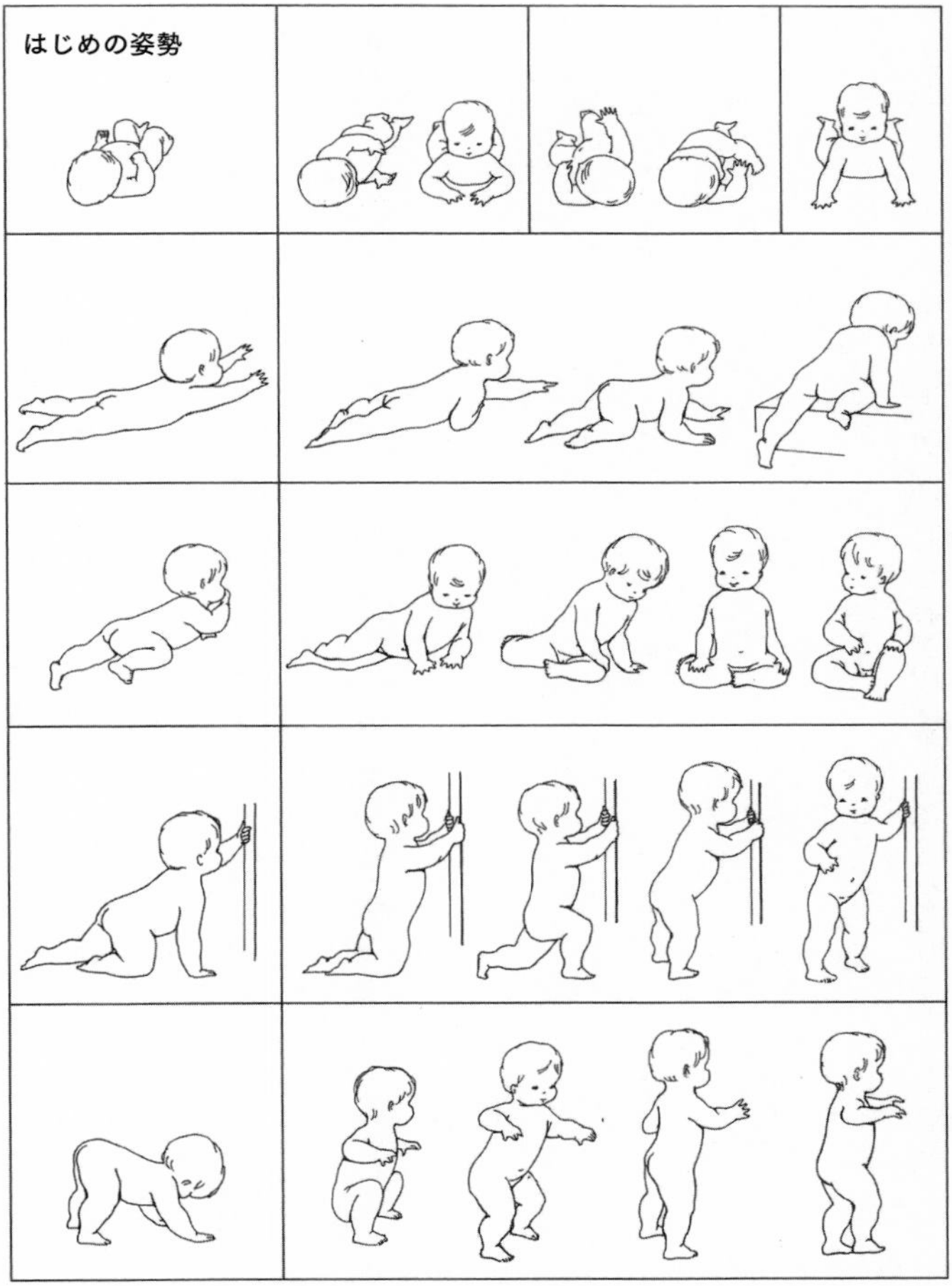

自発的運動発達の過程（エミー・ピクラー著『成長に時間をかけて——子どもの自由歩行までの主体的運動発達』ドイツ語版第 2 版，Emmi Pikler, *Laßt mir Zeit, Die selbständige Bewegungsentwicklung Des Kindes bis zum freien Gehen*, 1997.）

的な回転運動です。そして肘から下の腕を使って体を起こし、頭を持ち上げています。二番目では、腕全体を使って体を伸ばし、手を伸ばしています。また、腹這いになり、両腕はまだ並行に、同時に動かして匍匐運動をしています。両腕を交互に動かすことができると、四つん這いになって動くことができるようになってきます。はいはいをしているときは、体の交差運動、交互の運動ができるようになっています。

三番目は、お座りをするまでの発達過程です。ここではまず側面で座っています。ここではよくみえませんけれども、最初は片腕に重心をおき、もう片方の手を自由に動かしています。場合によっては、両足はまだ同じ方向に向けています。このように完全にお座りができ、上半身が立つようになると、土踏まずがお互いに向き合うことになります。

四番目は、つかまり立ちをしようとしているところです。その下の五番目は、自由に立ち上がって歩こうとしています。四足から、もしくはしゃがんでいる状態から立とうとしています。

こちらも体の片方の側でバランスをとり、一方の手を自由に動かすことでこのようにものをつかんだりしています。片側に重心をおいて体を支え、もう片方の手で自由に活動しているということです。

子どもによっては、空を飛ぶような姿勢で両手両足を真っすぐに伸ばす姿勢をとることができます。

ここは自分の手を眺めて自分の手とかかわっているところです。およそ生後六週ぐらいですね。ここでは両手を合わせて、そしてその合わせた両手に目を向けています。生後八週ぐらいですが、これも発達過程における重要な場面です。

質問に答えて

ここまでのところで何か質問があるでしょうか。もしなければ運動発達について話を進めたいのですが、これまでのところでなにかご質問があればと思います。

――寝返りのとき、足から回転する場合がありますが……

ペッター　足から動くのもよくあることです。子どもによって違うので、どの子どもも両方のパターンで寝返りをしなければいけないということはありませんが、この回転運動というのは受動的な、まだ内発的ではない回転運動なのでそういうあり方をしています。

——はいはいをできなかった子どもには将来、何か問題が出てくるでしょうか？

ペッター　赤ちゃんが何らかの対象物で遊ぶとき、視線をそこに集中させるために、かなり長いあいだ首をあげていなければなりません。自分の手とかかわるときもそうです。少し遠くにある対象物に手を伸ばして掴み取るときは、手の筋肉、腕の筋肉が活性化されます。手首をまげて取るときは、手首の関節が発達します。

したがって、これらの運動要素はさまざまな活動のなかに含まれているわけですが、はいはいの中でそれらが一種総合的に集中して行われるということです。はいはいでなければならない、ということではありません。ヨーロッパでも、子どもがはいはいをしないと、お母さんがすっかり不安になってしまうことがあります。何らかの問題があってもなくても、はいはいをするということもありますし、そうでないこともあるのです。むしろ、子どもが何を目ざすべきかと言えば、はいはいではなく、直立姿勢を目指すべきです。はいはいというより、立ち上がることが目的だと思われます。他に何かご質問がありますか。

――ヨーロッパと日本では立ち上がる時期が違うのでしょうか？

ペッター　日本では、だいたい生後何カ月ぐらいで立ち上がりますか？　そうですか。その九、十カ月ぐらいというのはヨーロッパでもそうです。ヨーロッパでも生後九カ月から十一カ月ぐらいというのはきわめてよく見られるところです。でも、おっしゃるように子どものテンポには個人差がありますし、文化によっても違いがあるかもしれません。大事なのは、子どもが何らかの運動をするときの衝動が、子ども自身の内側からくるということです。私たち大人が何らかの強制をしないことが重要です。

――両手、両足を曲げずに伸ばしたまま歩くことは、何らかの問題があるのでしょうか？

ペッター　ドイツ語では「くま歩き」といいます。そういうときは原始反射が残っているかもしれません。基本的には、子どもに問題がないときは、一切介入はしないのが原則です。けれども、何らかの発達障害があったり、あるいは治療教育的な問題があったりするときは、逆にしっかりと介入をすることが私たちの仕事になります。それがまず基本としてあります。

いわゆるくま歩き、両手両足を伸ばしたまま歩くときは、ひとつの可能性として原始反射がまだ解消していないのかもしれません。いわゆる対称性緊張性頸反射が残っている可能性があります。この対称性緊張性頸反射というのは、うつぶせの状態で、あごを上げると両腕が前に伸び、膝が曲がります。頭が前にたれると、腕が曲がって、足が伸びます。クマを思わせるように両手両腕を伸ばして歩く子どもは、この対称性緊張性頸反射という原始反射が残っている可能性があるということです。

そのとき、よく観察していただきたいことがあります。手が内向き、あるいは外向きになっていると、うまく曲がりません。足も簡単に曲がらない姿勢をとっているかもしれません。

そのような子どもは、腕と足を一緒に動かすことがあります。片腕、片足だけを単独で動かすことができない状態です。

私であれば、その子が寝そべっているとき、遊びのようにしていろいろな試みをしてみると思います。たとえばその子とわらべうたを歌ったり、詩を読んだりして、様子を見ながら、その子が私との関係を感じられるようにします。そのように子どもとのコンタクトを図りながら、自分で回転運動をしてみます。つまり横向きに寝そべって、腰を動かさずに肩だけを曲げて、背骨が回転するようにします。全身が回ってしまうのではなく、体の内側がねじれるような回転運動です。次に、それと反対の向きで同じことをします。そうやって、子どもが私の回転運動を観察するようにします。大人が歌いながら、子どもの傍らで自分が動いてみます。子どもはできませんから、大人がやるわけですね。場合によっては、そういうことだけでも子どもにとって助けになることがあります。背骨を回転させるということです。そういう回転運動を通して、原始反射が解消されるのです。

もう一人の、足が弱い子どもの場合は、できればオイリュトミー療法士の方が足にかかわるエクササイズをしてくれるとよいと思います。

言語は運動の中からでてくる

言語は運動の中からでてくる、ということを先ほどお話ししました。言語とは、運動発達の中で、子どもが立ち上がり、両手を自由に動かせるようになることが前提になっています。実は、手や腕と言語とは内的に関連しているのです。私たちの手や腕は魂の器官である、自分の内面を外に表すために用いるものである、ということはすでに申し上げました。手振りや身振りから、その人がどういう内面を持っているかを見ることができます。

また、手は社会性の器官であり、この手を使って社会のなかでいろいろなことができる、ということもお話ししました。同じことが言語についてもいえるわけです。

ことばは心の中から、魂の中からでてきて社会のなかで働きます。もし私たち人間が社会的生物でなければ、ことばを使うことはなかったでしょう。コミュニケーションというものに意味があるとすると、それは私たちが別の人に到達したい、別の人と心を通わせたいという気持ちがあったときです。

言語に関しては、全身の運動がのどの中、喉頭の中に凝縮しているといえます。とりわけ指先の動きは脳の言語中枢を形成する働きをします。いかに言語が身体に働きかけるかということを調べた研究もあります。すでにシュタイナーが一九一九年に言っていることでもありますが、この研究が示しているのは、誰かが語っているとき、それを聞いている別の人の身体の中にも、同じような動きが発生しているということです。

私たちが言葉を発するとき、実はとても微細な運動が全身に起こっています。皆さんが一人でいるとき、試しに大きい声で何かを語ってみると、自分の体のいろんな部分がそこで共鳴している、一緒に震えていることが感じられると思います。それは言葉を発するのに全身の筋肉系を使っているからです。そして、実はその言葉に耳を傾けている人の体の中でも、話をしている人と同じ運動が起こっている、ただし幾分やわらいだ形で起こっているのです。

高速度撮影の技術によって、人が語るときに身体に起こっている微細な運動を撮影することができます。その撮影技術を使って、話を聞いている人の身体でも、共通した運動を確認することができたのです。そこでわかったのは、実は、聞いている側の身体に起こっている運動は、話している人の身体に起こっている運動とほとんど同一のものであるということでした。ほぼ同時に、シンクロして起こっていて、その差違は五十ミリ秒、ほとんど気がつかないぐらいです。ただ自閉症とパーキンソン病の人の場合だけ、その発話が起こってから実際の身体運動が起こるまでの差違が少し大きくなっていました〔ペーター・ルッカー著『言語感覚』Peter Lutzker, *Der Sprachsinn*（第二版、二〇一七年）に言及されており、もとはウィリアム・コンドンとルイス・サンダーによる一九七〇年代の研究のこと〕。

このことが何を示しているかというと、子どもは実際に自分で話を始める前に、まず言葉を耳にすることができなければならない、そしてその言葉がもたらす運動を自分の身体に起こさなければならない、自分の身体がその運動のなかに浸っていくということが起こっていなければならない、ということです。子どもは自分で言語を発する前に、いわば身体を使ってその言語を踊るのです。そして踊ることによって、言語が持っている動きのなかに自分の筋肉系、全身の筋肉を使って入り込んでいくのです。

そのように耳を傾け、自分の体で動くことを通して、子どもは「言語感覚」を形成していきます。言語感覚とは、シュタイナーのいう「十二感覚」の一つですが、言語そのものを聞き分ける感覚のことです。もちろん言語感覚の基礎となる素質は出生時にはすでに備わっています。というのも、赤ちゃんはきわめて初期の段階から騒音と人間の声を区別することができるからです。騒音を耳にしても、子どもはそれを踊ることはない、つまり体はそれに反応しないということです。このことから、子どもはまず言語感覚を形成し、それからようやく言葉の意味を理解するようになるということがわかります。

私たちは、おそらく子どもが生まれたときから話かけ始めます。赤ちゃんが言葉の内容を理解するよりずっと前から、大人は赤ちゃんに話しかけ始めるわけです。子どもの意識はまだ周囲の環境から切り離されていないので、幼い子どもは私たちといわば一つになっていて、私たちが語りかけることばを大人とは違うかたちで理解します。ここで大切なことは、子どもが単語の意味を理解する前に、私たちがその子どもに話かけているということです。最近、お母さんが子どもと一緒にいるとき、何も語らないことがよくあります。どのみち話をしたってわからないからというのです。しかし、赤ちゃんは、誕生後、すぐに周囲の人に触れ、話かけられることを必要としています。そのような語りかけが乏しいと、その子のこれからの言語発達に負担がかかることになります。

私たちがほかの人の話を聞くときに身体を振動させ運動させることは、実は言語の理解のために必要なことなのです。話を聞いているときの身体運動は、皮膚の表面にとどまる、いわば一旦せき止められて体の境界線の上にとどまっている必要があります。体の内部に浸透して臓器まで到達することがあってはなりません。言語を聞き、それによって体の動きが表面で起こるけれども、そこでせき止められて体の内部にまではいたらないこと。それによって、身体そのものが実際に動きだすことがないように、その手前でせき止められること。そのせき止めが、言語を理解するために必要なのです。これは誰もが経験していることだと思いますが、本当に耳を傾け、注意深く聞こうとすると、全身が静止するわけです。このことから、子どもにお話を語り聞かせているとき、もし子どもの体がしょっちゅう動いていたら、その子は聞いていないということがわかります。

生まれたばかりの子どもは、世界中のあらゆる言語を学習する可能性をもっています。最初はあらゆる言語に反応します。つまり、あらゆる言語を踊ることができるわけです。生後五カ月になって、初めて子どもは周囲から聞こえてくる人間のことばに対して文化的に反応し、文化特有の音にも反応するようになります。日本にはおそらく、ヨーロッパのような大きな問題はないのではないでしょうか。ヨーロッパでは、生まれた時から三つの言語を同時に学習しなければならないような子どもがいます。お父さんもお母さんもそれぞれ別々の言語をしゃべっているうえに、彼らが生活している地域では、さらに別の言語が語られていることがあるからです。この問題は、私たちヨーロッパの人間にとっては、生後七年間の幼稚園、乳幼児の教育制度にとって本当に大きな問題を提示しています。

言語を支える三つの要素と思考・感情・意志

言語を成り立たせている、あるいは言語を支えている三つの要素があります。ひとつは言語におけるメロディーです。もうひとつは明瞭な発音、アーティキュレーション（Articulation）というものです。もう一つは言語におけるダイナミズム、力強さ、言葉のなかにある力のようなものです。いまからお話ししたいのは、この言語における三つの要素が思考、感情、意志とどのようにつながっているかということです。

たとえば、コンピューターのような口調で、

「ソノドアヲアケテクレマスカ」

と言ったとしましょう。そこに欠けているのは、言語におけるメロディーの要素です。

「もう二度とやらないでね。」

「心から歓迎します。」

同じ文でも、抑揚や流れによって伝わるものが違ってきます。それを一つの音声でも表すこと

ができます。

「ダダ、ダダダ、ダダダダダダ」

「ダダダダダ、ダダダダダ、ダダダ」

同じ音声だけが続いても、それに乗せて表現できるものは何でしょうか？　それが言語のメロディーであり、そこには話している人の感情が現れるのです。言語のメロディーは話者の魂を担っているといえます。

私は自閉症の人とのかかわりが多いのですが、自閉症の人たちはまさに感情とのかかわりに困難を覚えています。そのため、彼らの話し方には言語のメロディーが欠落することが多いのです。そうすると、たとえば「ウルリケセンセイ、オモシロイジョークヲキキタイデスカ」と言ってきたりします。

それでは明瞭な発音、アーティキュレーション（articulation）には、どのような魂の要素が入っているのでしょうか。アーティキュレーションが欠落した話し方とは、たとえば唇をほとんど動かさず、口の中でくぐもったように話すことです。

「わたしがはなすことがきこえますか」

明瞭に発音しなかったとき、何が抜け落ちるでしょうか。内容です。私たちが何を伝えたいか、考えているか、その内容が聞き取れなくなるわけです。したがってアーティキュレーション、明瞭な発音は、思考を伝えるといえます。

そして次に、言語の力強さ、ダイナミズムは、ことばに伴う呼吸、息であり、意志を伝えるということは、わかりやすいと思います。

たとえば、幼稚園の先生が言います。

「片付けましょうね。」

でも、子どもたちは動きません。というのも、先生が本当にそれを望んでいるのか、子どもたちにはわからないからです。先生のことばの中に、その人の意志がまったく働いていないということです。逆に、

「かたづけますよ!」

この場合には意志はありますが、ちょっと過剰で、相手を圧倒してしまいます。意志の要素は過剰であったり、少なすぎたりします。

ことばの中で、メロディーが平坦で、意志ばかり強くなると、軍隊が行進しているようにも聞

こえます。しかし、メロディーが過剰なのも不快なものです。幼稚園の先生はその危険に陥りがちです。

「さ〜あ、み〜んな〜、お〜か〜たずけ〜ですよ〜」

いつも歌うように語り掛けるのもどういうものでしょうか。そういうときは、その人の人格が言葉の中に入っていない、ちゃんと足を地面につけていない状態です。幼稚園の先生がそのようにいつも歌うように話していたら、男の子たちはだんだん気が狂いそうになっていきます。彼らはしっかり地面に足をつけたいと願っているのです。

また明瞭な発音にもそういう困難や危険が伴います。何を言っているか聞き取れないのも困りますし、アティキュレーションが過剰でも困ります。「ここでは、っ、き、り、さ、せ、て、お、き、た、い、と、思、い、ま、す、が、今、お、話、し、し、て、い、る、の、は、言、語、の、問、題、で、す。」このようにアティキュレーションが強すぎるとき、どういうことが起こるのでしょうか。

相手に緊張も与えますし、すべてが頭の方に上がってきます。いわば知性だけに訴えかけているようです。もし私がこのような話し方を続ければ、皆さんはだんだん頭痛がしてくることでしょう。

ですから、私たちが乳幼児のお手本として立つときは、自分の語りの中でもメロディー、明瞭な発音、力強さのバランスに注意する必要があります。当然のことながら、世界各地の言語にはそれぞれ特徴があります。言語によって、どの要素が際立っているかは違ってきます。だからこそ、生後七年間の子どもたちとかかわる仕事をしている人は、とりわけ自分の母語に対して意識的に取り組む必要があるわけです。自分自身を観察して、自分の話し方ではどの要素が優位になっているかに注意を向けなければなりません。たとえば日本語の場合、フランス語もそうですが、ドイツ語よりも言語のメロディーが際立っています。それは実際、そうであるべきことです。それぞれの言語がもっている特徴は保たれるべきだと思います。

言語発達に大切なこと――愛着とまなざしとふれあい

しかし、あらゆる発達について言えることですが、子どもが言語発達を遂げる前に整えられるべき条件があります。コミュニケーション、広い意味でのコミュニケーションというのは言語だけではありません。幼い子どもも、ことばを発する前から、特有のコミュニケーションをとっています。いわば「前言語的」なコミュニケーションが、言語によるコミュニケーションが起こる前にまず存在しなければなりません。コミュニケーションの中でもっとも重要なのが乳幼児期の愛着、アタッチメントです。なぜでしょうか。それは愛着において心の交流、心と心のふれあいが起こるからです。この心における愛着形成は、本当に自分が愛着を感じる大切な人が近くにいるときにしか起こりません。

子どもが愛着を感じる大切な人というのは、子どもがもっている情緒的・身体的なニーズに応答できる人のことです。そういう人がいると、子どもは、この人によって自分は守られている、この人の庇護のもとに自分は安全に身を委ねていられるのだということを感じます。それによって情緒的な行き交い、交感が起こるわけです。そのように行き交う情緒が、やがて言語の交流に変わっていきます。

しかし、そのような情緒的な交流が存在しなければ、あるいは乏しかったならば、子どもはことばを通して他の人と交流したいという意欲を失っていきます。いままでうまくいかなかったという経験が積み重なっていくからです。このことから、言語発達が起こるためには、ひとりの人間との情緒的な愛着形成がなされることが必要であることが分かります。愛着形成の障害、愛着障害は、必ず言語障害を伴って現れます。

もうひとつ言語発達の条件になるのがアイコンタクト、まなざしです。それは同時に、子どもが自分は何かを引き起こすことができるという経験をもつことでもあります。たとえば、子どもは、自分が泣けば、大人がきてくれる、お母さんがきてくれるという経験をします。これは自分は何かを引き起こすことができる、母親から何かを引き起こすことができるという経験なのです。あるいは、自分が何らかの対象物、たとえばガラガラを動かせば、そこから音が出てくる、または紙がカサカサと音を立てるという経験をします。そのように、自分は何かを引き起こすことができるという経験は、言語も自分で音を、音声を出すわけですから、非常に重要な前提になるのです。

また、赤ちゃんの泣き方、叫び方は多様なあり方をしていなければなりません。いろいろな抑揚、メロディーがなければなりません。赤ちゃんの泣き声の周波数にはいろいろなバリエーションがあり、甲高い泣き声からわりと低めの泣き声まで、いろいろとあるべきなのです。怒りをこめた泣き方もあれば、どこかダダをこねた泣き方もあるべきです。

別な言い方をすれば、ことばが出てくる前に、魂における交流、心の次元における交流がなければならないということです。そのような心のふれあい、心の次元での共振は、じつは生まれる前の精神的な世界から子どもがもって来たものです。というのも、精神的な次元というのは、私たちが何の困難もなく理解し合うことができる領域だからです。

ことばが生まれるみちすじ

先ほど、私は生後六カ月までの赤ちゃんはどんな言語でも学ぶことができるといいました。ここに、私にとっての困難があります。というのも、これから私が言語発達をたどってお話ししていくと、その私のやりかたはヨーロッパやアメリカ、欧米における学習に即したものになるからです。ヨーロッパの言語にはあって日本語にはないものもあるでしょうし、逆に日本語にあってヨーロッパの言語にないものもあるでしょう。ただそれにもかかわらず、いくつか共通したものはあると思います。したがってこれからお話しするいくつかの音声に関しては、もしかしたら皆さんのなかで修正する必要があるかもしれません。

最初に子どもが発するのは喃語と呼ばれるものです。ドイツ語ではラレンといいますが、いろんな音声からできたものです。

次に、子どもは母音と子音が結合した音節からなる言葉（音声）を発するようになります。たとえば「ダー、ダー、ダー」と言ったりします。日本の子どもたちもそういうことがありますか？　それはマ、マ、マかもしれません。バ、バ、バかもしれませんが、いずれにしても子音と母音がセットになった音節のつながりです。

次に出てくるのが音節が二つになった言葉です。音節が二つ繰り返されるママとかパパはまさにそれです。

そして、これは個人差がありますが、だいたい一歳をすぎた頃には、母音とは別に子音を発声するようになります。たいがい、最初に、M、B、Pの子音が出てきます。「ンー」とか、「ブー」とか「パ」という音です。それから歯と唇を合わせるFや、D、T、「フ」や「デ」や「ト」という音が出てきます。そのうえで、対象物の名前、ものの名前をいうようになります。いわゆる一語文、一つのことばだけを発するようになります。

一歳半から二歳ぐらいの間に、動詞や形容詞が出てきます。それから質問、疑問文のイントネーションが出てきます。つまり、文法的に疑問形にはしなくても、抑揚をつけることで、問いを発することができるようになります。たとえば、外から車がガレージに入ってくる音が聞こえたとすると、それを聞いた子どもが、「パパ？」と語尾を上げて問いを表現するようになります。このように、疑問文、質問形が現れる前に、抑揚によって問いを表現するようになるのです。

その後、二歳を過ぎたころは喉の奥の方から出る音声、g、h、「グ」とか「ハ」とか、「ヒ」とか、うがいのときに出るような「ガー」という音が出るようになります。私が聞くかぎりでは、日本語にはkやgが多いので、日本の子どもたちはもっと早いうちから、これらの子音を発するのかもしれません。私が耳にする日本語では、カやグという音がしょっちゅう出てくるような気がします。この二つは日本語における意志の要素だと思います。

その後、子どもが獲得するのは二重の子音、たとえばkとnの組み合わせです。日本語の場合、二つの子音が重なることはほとんどなく、必ず子音と母音がセットになるようですね。ドイツ語でパンのことを「ブロート」（Brot）というのですが、私がオイリュトミーを勉強していたとき、ある日本の女性がいつも「ブゥロート」と発音していたのを覚えています。実際にはBとrの間に母音は挟まっていないのですが、その女性はBのあとにuという母音を入れていたのです。

次に、疑問詞が出てきます。「なんで？」「どうして？」ということばです。子ども時代には、このように何に対しても質問する時期があると思います。いつでも、何か言われるたびに、「なんで？」と聞き返すのです。これは発達における非常に重要な道標であって、日本でも見られると思います。というのは、このころから反抗期、「いやいや期」に入ってくるからです。

さらに、三歳ぐらいになると複数形が入ってくるようになり、それから三語文、三つの単語からなる文章が出てきます。

そして、三歳から四歳の間に、ほとんどすべての音声を発音できるようになります。また、遊びのなかでも、何かをするときにはその行為に言葉を添えてつぶやくようになります。

それから、三歳から四歳ぐらいにかけて、自分が体験したことを話して聞かせるようになります。

五歳から七歳の間に文法が分かるようになります。文法的に正しい言葉使いをするようになります。そして、より複雑な文章を使って、複雑な話をすることができるようになります。対象物の名前を言うところから、物事がどのように起こっているのか、誰が何をしているのか、ということが言えるようになります。

つまり、言語発達の過程は、音声を発するところから単語を発するところへ、そして単語を発するところから文を発するところへ移ってきます。そして音声の習得は唇を使った音、口の先のほうでつくられる音から、のどの奥でつくられる音へと進んでいきます。

この言語発達には、身体の「外」から、身体の「内」へと進む子どもの発達が映し出されています。子どもの発達とは、基本的に、「体外」から「体内」へ入っていくことなのです。ただ、皆さん、このことが日本語の発達とも合致するかどうかは、注意深く見ていただきたいと思います。

ここで話をさかのぼり、「前言語的」なコミュニケーション、ことばが出てくる前のコミュニケーションのことを少し見ておきたいと思います。

ことばがでてくる前のコミュニケーション——身振り

ここでお話ししたいのは、実際の言語発達が起こる前のコミュニケーションにとっての、非常に重要な要素についてです。これについては以前、ＡＤＨＤについてお話ししたときにも少し触れることがありました。（『ＡＤＨＤとはなにか』、神戸シュタイナー教育を学ぶ会、二〇一七年）

子どもは言語発達に入る前に、身振りにおけるいくつかの発達段階を通過します。ルドルフ・シュタイナーは、赤ちゃんが最初に理解するのは身振りの言語であると言っています。コミュニケーションをとるために身振り、ジェスチャーを用いるのはどういうときでしょうか。たとえば、皆さんに向かって、私が両手の掌を上に向け、それを持ち上げて見せれば、皆さんは立ち上がるように求められている、と理解されると思います。このような要請は、身振りだけで行うことができます。そのような要請の身振りは動物にもあるのですが、動物たちは相手を見ることはしません。

次に、身振りには相手に情報を与えたいときに行うものがあります。たとえば、誰かが何かを探しているとき、私はある場所を指さして「そこにあるよ」と伝えることができます。誰かが鉛筆を探しているとき、私は話をしながら、その鉛筆が落ちているところを指さします。それだけで、その人は私が何を言いたいのか、即座に理解することでしょう。

もうひとつ、誰かと関心事を共有したいときの身振りがあります。たとえば、一緒に森の中に入っていきます。森の中で何かを見つけて、それを指さします。そのとき、私が何も言わなくても、一緒にいる人は、私が指さした方向を見てくれます。これは、私が見ているものをその人にも見てほしくて行う身振りです。

以上が、コミュニケーションのために私たちが用いる三種類の身振りです。。最初の身振りは、要請の身振りです。私が思っていることをあなたにやってほしいという身振りは、たとえば小さい子どもであれば、両腕を上に差し出すことによって、「抱っこして」という要請を表現するときに使われたりします。

もう一つは、情報伝達の身振りです。誰かが何かを探しているとき、それを指さして教えてあげようとする身振りは、人間にしかありません。たとえば、サルに向かって、「あそこにエサがあるよ」と教えてあげたくて、そこを指さしても、サルは理解しないのです。

三番目の身振りは、共有の身振りです。私が関心をもっていること、興味をもっていることをあなたにも共有してほしいという身振りですが、これも人間にしかありません。

この三種類の身振りは、子どもの言語発達が始まる前に、すべて現れるものです。それは文化の違いを問わず、日本でもヨーロッパでも存在しています。興味深いことに、赤ちゃんは生後三カ月頃には指を伸ばすことができますが、その伸ばした指で、そのような身振りを行うことはまだできないのです。また、この身振りは外側から教えることができません。子どもは内面からその身振りに気づき、その身振りをするようになるのです。それは「わたし」という一人称が、子どもの中から目覚めるのに似ています。この三つの身振りも、子どもの内面に目覚めるものなのです。

この一人称、「わたし」、「ぼく」、「おれ」ということばは、ほかの単語を教えるようには教えることができません。というのも、「わたし」や「ぼく」という一人称は、その人が自分だけを指して使うことばであって、そのことばで他の人を指すことができないからです。そのようなことばは、ほかにはありません。したがって、「わたし」ということばが使えるようになるためには、外からではなく、一人ひとりの内面から、そのことばが何を意味しているのかを理解する必要があります。そのとき初めて、自分で自分を指して「わたし」と言うことができるのです。

それと似たようなことが身振りについても言えるわけです。そして、一歳ぐらいで、子どもの中に現れる重要な身振りがあります。それがいわゆるトライアングルの身振りです。子どもが何か興味深い、面白いと思ったことを見つけます。そしてそれを指さします。自分でことばにはできないけれど、それを指さしながらお母さんの顔をみて、お母さんにもそれを見てほしいと伝えるわけです。そのようにして、そこには対象物とお母さん、子どもの三角形、トライアングルが形成されます。まず対象物を見つけます。そして子どもがいます。そして大人がいます。このトライアングルの身振りが発生したとき、それこそが言語によるコミュニケーションの始まる入り口なのです。そのことについて、これからお話ししたいと思います。

このトライアングルの身振りの発生は、その子の自我の発達がある段階にまで到達していることを示しています。それは、それまでの母親との一体感、共生関係（シンバイオシスsymbiosis）からの分離を意味しています。母親であったり、別の親しい人かもしれませんが、それまでその人と融合していた共生関係から離れるということです。

それ以前は、子どもはお母さんとほぼ二人で一体をなしていました。子どもは自分の持っている感情と母親のもっている感情を区別することができませんでした。母親と自分はまったくひとつだったからです。たとえば母親がうつ病であれば、子どももうつ病的な身体症状をきたすことがあります。母親が神経質であれば、子どもも非常に落ち着かなくなるでしょう。もしそのとき愛着関係をもっているのが父親であれば、父親の状態が子どもに移ります。そのように完全に母親か父親の中に、もしくは愛着を形成している相手の中に浸り、その人と融合しているのです。

そのような共生関係が存在しているかぎり、言語によるコミュニケーションは必要ありません。ことばを介さずにつながっているからです。子どもと愛着関係を持ち、世話をしている大人は、子どもが言語的表現をしなくても、その子が何を求めているかを直観的に理解します。これは、この時期の子どもの教育はそれだけ困難であるということです。その時期にできることは、子どもが愛着関係を持っている大人が、自分で自分を教育することしかないのです。もちろん、「すべて教育は自己教育である」ということばは、あらゆる時期の教育に当てはまります。けれども、とりわけ乳児期には、このことばが真実なのです。たとえば、子どもに落ち着いてほしければ、私たち自身が内面において落ち着くように努めるしかありません。

ことばが必要となるとき――理解しあうためのことばの発生

子どもは、そのような共生関係から離脱し、自立した自分、自我に到達する必要があります。昔、ある哲学者が「原初的距離感」という言い方をしましたが、そのような他者に対して、母親に対しての原初的な距離感を子どもは獲得しなければならないのです。そして、子どもが共生関係から離脱したことを示すのが、トライアングルの身振りの現れだということです。

というのも、子どもがお母さんに向かって何かを指し示すということは、お母さんは自分が思っていること、自分が知ってることをすべて知ってるわけではないということを、子どもがわかっているということだからです。ここから言葉が必要になってきます。お互いに理解し合うために、ことばが必要な段階に入ったのです。ここからある事柄をめぐるコミュニケーションや相互作用、関わりあいが出てきます。

たとえば、おむつ交換のとき、子どもが手にブラシを持っていたとします。あるいは何らかの対象物で遊んでいたとします。そこにお母さんがやってくると、子どもはおむつ交換の場所でそのブラシを横に置き、お母さんと直接的に視線を交わします。母親と直接コンタクトをとるか、あるいは対象物とコンタクトをとるか、そのどちらかであって、両方を同時にするということはなかったわけです。しかし、一歳ごろになり、このトライアングルに到達すると、その対象物と母親が相互に結合することがあります。そこからギブ&テイクのキャッチボールの遊びが始まります。自分が何かを差し出し、それを受け取り、また差し出すという交換が起こります。対象物を介してコミュニケーションが始まるわけです。受けとったら、相手にあげて、また欲しくなったらもらって、またあげてということが繰り返されていきます。そして、あるとき、対象物の代わりにことばが交わされるようになるのです。ことばというものも、やはりギブ&テイクであって、相手に手渡し、また相手からもらうものです。

さらに言語発達に必要なものがあります。子どもの成長過程で、爆発的にことばが増える時期があります。だいたい二歳半ぐらいをすぎるとそういう時期に到達します。このことばの爆発は、遊びの発達のある段階とも重なっています。その段階のことをシンボル遊び、象徴遊びといいます。ファンタジー遊びと言うこともあります。

遊びの発達にはいくつかの段階がありますが、ここではそのすべてをたどることはしないで、シンボル遊びのところだけを取り上げてお話ししたいと思います。

シンボル遊びと言語発達

なぜシンボル遊びが言語発達にとって重要なのでしょうか。

このシンボル遊びとは、子どもが何らかの対象物を自分のファンタジーを使って変化させることができる、たとえばこの腕時計であれば、こどもの想像力でそれが蛇に変わるというようなことです。それはどういうことかというと、子どもの頭の中にひとつの知識として、蛇というものがあるとします。頭の中に、蛇のイメージがあると、そのイメージを腕時計に投影して、その腕時計を蛇に変えることができるということです。そういうイメージのことを「表象」といいますが、まず第一に、子どもが頭の中に表象をもっていて、その表象を保持できることが前提です。そしてあるとき、自分が手にした対象物にその表象をあてはめ、それに見立てる、想像力のなかで変化させることが、シンボル遊びということです。

じつのところ、ことばというものも、つねに何かのシンボルであるといえます。たとえば私が「樹木」と言えば、皆さんの頭の中には何らかの木のイメージが思い浮かぶことでしょう。つまり、木ということばは現実に存在するもの、何らかの現実を表すシンボルなのです。そして、子どもが発達のなかで何らかの対象物を想像力で変化させる、何かに見立てることができるようになったときには、ことばが何らかの現実のものを象徴するものになっているということです。

それ以前の遊びの中で、子どもが使っていたことばは、シンボル遊びに到達する前のことばは、まだ何らかの現実の存在を象徴するものではありません。そうではなくて、現実の何らかかに直接結びついているものなのです。たとえば、子どもが「クルマ」ということばを使うとします。そのときは、実際に目の前にクルマを見ているか、小さなおもちゃのクルマを手にしてそれを動かしているか、あるいは自分がクルマになってブゥーブゥーと言っているかです。そこでのことばは、現実に目の前にあるもの、あるいは現在の自分自身のありようとつねに結びついています。その意味で、シンボル遊びが始まる前のことばは、現実の対象物に所属しているといえます。そこでのことばは、シンボル（象徴）としては使われていません。

ことばの発達、言語発達というものは、それ自体が大きな全体をなすプロセスです。最初に、第一段階として、社会的なインターアクション、相互関係があります。次に、自我の発達における特定の段階を通過する必要があります。また、思考発達や遊びの発達のなかでも、特定の段階を通過する必要があります。ただし、ここでいう思考とは、頭の中だけで起こる思考ではなくて、実際に身体を動かしているなかで働く思考のことです。

そして、言語発達を支えるためには、そのような全体としてのことばの発達を視野に入れる必要があります。言語療法において言語発達を支えるときも、もしことばだけを訓練しようとすれば、十分な成果をあげることはできないでしょう。

言語発達にとって一番繊細で、一番重要な時期は二歳から四歳の間です。また、ことばの発達を支えるためには、よきお手本が必要です。また身振りや表情も重要です。子どもと一緒に行う指あそびも、非常に重要です。まなざしを交わすこと、直接的に触れ合うことも重要です。また、韻やリズムをもった詩を通して、子どもの中に、ことばに対する喜びを呼び起こすことも大切です。これらの事柄について詳細に取り上げることはできませんが、以上申し上げたことからも、韻やリズムをもつ詩や歌、昔話、あるいは昔話に出てくるたくさんの繰り返しのことばが、どれほど子どもの言語発達にとって重要であるかは、お分かりいただけると思います。

ことばとともに体を動かす運動遊び、歌と身振りも重要です。歌とは、まさに音楽によってことばが担われているものです。

子どもがいろんなことを自由に話せるような促しを与えること、子どもがしゃべるための時間や余地をとることも大切です。

子どもの年齢によっては、演劇のようなこと、子どもが何らかの役を演じることも意味があるでしょう。そのような手段を用いて、子どもの言語発達を支えることができます。

質問に答えて

それではここで、皆さんの質問をお受けしたいと思います。

――先生は別の講演の中で（前掲、『ＡＤＨＤとはなにか』参照）、シンボル遊び、またはファンタジー遊びには、記憶力が重要な役割を果たしているとおっしゃいました。それまで頭部を形成していた力が解放されて思考力や記憶力になり、それがファンタジー遊びの要素として働くようになる、ということです。それはよくわかるのですが、そのとき、身体のリズム系（呼吸・循環系）が発達することによって感情が芽生えるということも話されました。その感情がファンタジーを運ぶというか、ファンタジー遊びの要素になるとおっしゃるのですが、そこがピタッとわからないのです。ファンタジー遊びの中に、すごく創造的な力が働いているということは実感として感じるんですけど。ファンタジー遊びをつくりあげる要素が、一つは記憶力だとすれば、もう一つは何なのでしょうか。まんなかの、胸部の発達を通してファンタジー遊びが出てくるということが、どうにもよくわからないのです。

ペッター　たぶん質問の意味はわかったと思います。

ファンタジー遊びとは何でしょう。たとえば、ある子どもが、犬とのかかわりで何らかの体験をしたとします。その体験がとても印象深かったとします。すると、その子どもは犬と遊ぶことによって一つの記憶を持つわけです。思い出を持ちます。そしてその思い出が、姿を変えてファンタジー遊びのなかに再び出てきます。

その犬との出会いがちょっと怖い、脅かされるような経験だったとしたら、遊びの中では少し攻撃的な犬として現れてくるでしょう。しかしそのとき、その子は遊びのなかで、他の子どもが「みゃおみゃお」と言っているところを見るかもしれないし、実際に猫がどこかにいるかもしれません。あるいは、その子自身の内面から何かが出てくるかもしれません。何かインスピレーションを与えてくれるものを見かけることもあるでしょう。すると、それによって子どもの遊びが大きく変わっていくことがあるのです。

子どもの遊びは内側からどんどん変わっていくのです。大人の場合、最初の表象がそのままし っかり固定され、そこから何かが始まりますが、子どもの場合は、胸の中から湧き起こるように、いろいろに変化していきます。それがファンタジーの特徴なのですが、ここではファンタジーの発達について詳しくお話しすることができません。ただ、幼児期のファンタジーは、学童期のファンタジーや大人のファンタジーとはまったく別のものなのです。ファンタジーは、幼い子どもの場合、身体に由来しています。身体の形成力が働いているのです。その形成力は非常に柔軟で流れるようなものです。そのファンタジーの力が子どものなかの記憶像と結びついて、一つの対象物をいろいろなものへ変容させていくわけです。大人と違って、一つのものがいろいろなものに変化するのです。

――強い形成力が働くことで、変容する力が生まれるという理解でよろしいでしょうか。子どもは、そこにいないものでも、そこにいるって、ものすごくイメージしてるんですよね。そこにいないのを生みだすような力は、胸の形成力からきているのですか？

ペッター　そうですね。その形成力が子どものファンタジーのなかに働いているといえます。まさに胸部領域が形成され、完成されてくる時期に、子どもは遊びのなかではファンタジー遊びを発達させるのです。同時に、それは言語発達が爆発的に進む時期とも重なるわけです。いわば身体に働いている自然の形成力が、子どもが持っているファンタジー力のなかには働いているということです。ほかにご質問は？

――自閉症について質問します。今日の講義では、運動、感覚、愛着（アタッチメント）、アイコンタクト、身振りなどに触れて、自閉症の人たちはそれらがうまくできないように感じられるとおっしゃいましたが、もしそうなら、早期発見が重要なのか、その発達の土台にさかのぼって対応したらいいのか、先生のお考えをうかがいたいです。

ペッター　早期発見については、早期発見できるのは乳児の自閉症だけです。でも、自閉症にはそれ以外のさまざまな形態があります。乳児期の自閉症であれば、生後三年の間に診断できるわけですが、それ以外の自閉症はそうはいきません。いわゆるアスペルガーの自閉症では、言語発達はそのまま通過します。ただ、三歳をすぎたころに言語発達のなかでちょっと独特な徴候を示すことがあります。

自閉症における主要な特徴は、自閉症が実はコミュニケーション障害の一つであるということです。したがって、社会的な人間関係のなかでは、子どもは何らかの困難を感じるかもしれません。けれども、それが直ちに何らかの障害とは思わないわけです。社会性に対して無頓着であるとか、そういう印象しか受けません。

もちろん、自閉症の子どもとのかかわりでも、よき愛着形成は重要です。本当に信頼できる大人とのかかわりがあることは重要だし、好ましいわけです。しかし、そういう大人がいたからといって、子どもの側がそこにかかわろうとしない可能性もあります。たとえば、大人が優しく触ろうとしても、それをまったく好まない子どももいます。

ですから、自閉症の子どもたちは、愛着関係に関してかなり不安定ですけれど、それは必ずしも親の側が愛着形成の可能性を提供しなかったからとはかぎらないわけです。ただ、あなたがおっしゃる方向性はそのとおりだと思います。いろいろな可能性、愛着形成をはじめ、いろんな可能性をを試みていくのは重要なことだと思います。そういうことでよろしいでしょうか。

――私の周りでは、赤ちゃんとベビーサインをされる方が結構多くていて、生後数カ月ぐらいで「おいしい」とかベビーサインを教えるんですけれど、これは言葉によるコミュニケーションの障害にはならないのでしょうか。

ペッター　ベビーサインに関して何らかの研究がされているわけではありません。本当に発達の支えになるのか、あるいは逆に発達を損なうのかという観点からの研究はまだなされていない段階ですけれど、それがはやっていることは知っていますし、私なりの考えを申し上げたいと思います。

一般的に言えることとは、心や情緒に関わる部分を、意志の要素で引き起こそうとしているのがベビーサインだということです。ベビーサインは個々の動きからなっています。そして、動きは意志によって起こります。ですから、ベビーサインは「おいしい」というような感情の要素を、運動という意志の要素で引き起こして相手に伝えることだと言えるわけです。それが適切なことなのかどうか、というのは一つの問いとしてあると思います。

発達の過程では、言語発達の前に意志の発達、つまり運動の要素がいったん退行する必要があります。子どもは、すべてを身体で表現しなくても、特定のことはことばで補うことができるという経験をすることになるからです。したがって、運動という要素と言語という要素を混在させることは、私はあまりお勧めしません。ベビーサインによって知性を発達させたいという思いもあることは知っています。その場合、大人の側がいろんなことを自分の頭で考えて、子どもの脳に機械的な反応をさせようとすることになります。その結果についても、まだまったく研究はなされていません。運動は意志の要素に属するものであり、言語は感情の要素に属するものです。人間は、その一つひとつを発達させる必要があります。

ただし、まったく別なケースとして、子どもがことばを発達させられない状況では、いまおっしゃったのはひとつの可能性だと思います。言語発達が通常の経過をたどっていないときには、そういう試みにいわば正当性がある、妥当性があるということもできます。

――はじめのところで、新生児のときからことばがけをする意味として、ことばを発する側も、聞く側も、同じように身体が振動しているという話をされました。機械の音には反応しないのでしょうか?

ペッター　もちろん、私たちは騒音に対しても身体的に反応します。外で大きな飛行機の音が聞こえれば、私たちの呼吸や心臓の動きは変化します。ですから、騒音は、私たちの生命機能に影響を及ぼすといえます。たとえば、非常に騒音が激しい環境で生活しなければならない、食べていかなければならない、眠ったりしなければならない場合、その騒音が心拍に影響を及ぼすことはわかっています。朝から晩までテレビやラジオがつけっぱなしであれば、それは子どもの身体と生命機能に悪影響を及ぼします。生命機能というのは、心拍や呼吸、消化など、基礎的な生命活動のことです。しかし、ことばを聞いたときに身体に起こる微細な筋肉の運動は、それとは違うものです。子どもの身体に微細な筋肉の運動が起こるのは、機械音を聞いたときではなく、生の人間の声を聴いたときです。そこでの言語の学習も、機械的なメディア、視聴覚機材によって起こるのではありません。もちろん、言語を学んだ後であれば、いろんな機械的な素材を通して、さらに追加して学ぶことは可能だと思います。

（二〇一六年七月二三日）

思考の発達

生後七年間（歯が生え変わるまで）の子どもの発達

おはようございます。これから思考の発達についてお話しします。この思考の発達は、生後七年間はそれほど大きな役割を果たすものではありません。今日は、なぜそうなのかということを中心にお話ししておきたいと思います。

生後七年間、子どもが行うこととは何でしょうか。

これは多くの人にとってそれほど知られていないことかもしれませんが、子どもが生後七年をかけて行なっているのは、自分の身体をつくる、造形するということです。このことは、ＡＤＨＤとの関係でもお話ししました。（前掲、『ＡＤＨＤとはなにか』参照）

子どもが生まれたとき、その体内の臓器はまだ完成されてはいません。どういうことかというと、図（次頁、八九頁参照）を見ていただくとわかりますが、生まれて間もない赤ちゃんの臓器はだいたいの形、荒削りの形を成しているだけなのです。そして、生まれてから歯が生え変わる七歳ぐらいまでの時間をかけて、子どもは自分の身体の中の臓器を細かく造形していかなければなりません。この「造形」（plastizieren）とは、どういうことでしょうか。仮に、粘土のかたまり、あるいはロウなどの素材で、何かを造形しているところを考えてみましょう。粘土をこねて形をつくるには、まず力が必要なことがわかります。

同様に、身体のなかの臓器を一つひとつ完成させていくためも、力が必要です。ルドルフ・シュタイナーはそのような力のことを形成力、またはエーテル力と呼んでいました。子どもの体内、身体のなかで造形活動を行なっている力が、形成力です。この形成力は、子どもが歯の生えかわ

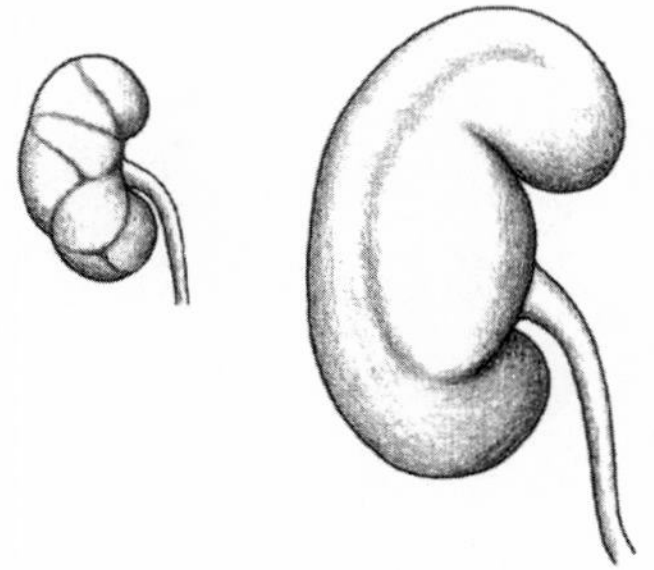

新生児と成人の右の腎臓

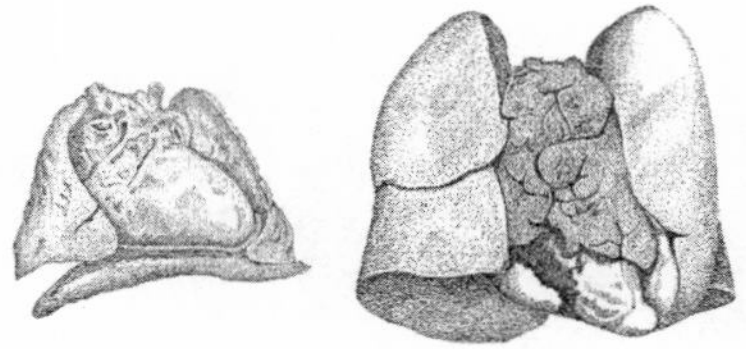

新生児（左）と２歳児（右，胸腺によって一部覆われている）の肺と心臓

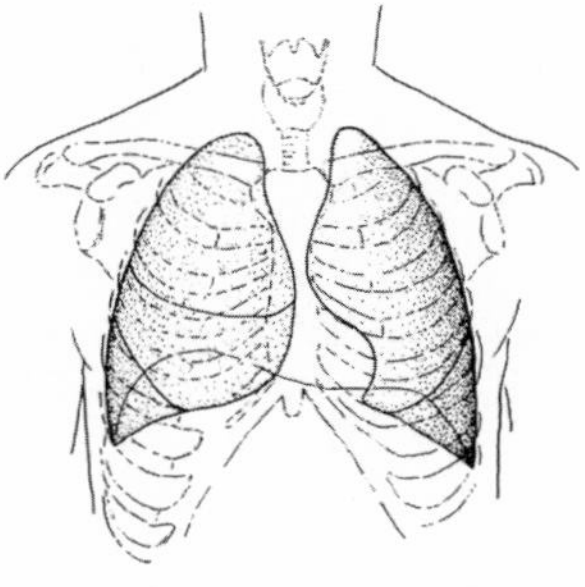

造形が完成した両肺葉

りにいたるまでの期間しか体内にとどまることができません。もちろん、この歯の生えかわりの時期を過ぎてからも、形成力は私たちの身体のなかに働いているのですが、歯の生え代わり以降は、いわば形態を維持し、生命を維持するための働きをしているのであり、実際の造形、形成活動は、歯の生えかわりで終了するのです。

この形成力が、私たちの身体を完全に離れてしまったとき、私たちの身体は分解しはじめて死体とならなければなりません。じつのところ、私たちが生きているかぎり、身体の形態が維持され続けていて、死んだ途端に分解が始まるというのは、実は驚くべきことであるわけです。

このことからも、生きていること、生命ということには、造形という働きが伴っていることがわかります。身体の形態を維持したり、形をもたらしていく力が、幼い子どもの中では活発に働いているのです。それもとりわけ歯の生え代わりまでに働いています。

この形成力が歯の生え変わりの後、大人になってからも造形作用を及ぼすことになると、私たちは病気になってしまいます。そうなると、形成力は、健康な身体には本来ふさわしくないような形態を体内に生み出していくことになります。つまり、身体がもっている本来の統合作用というか、監督のような、そういう働きから逸脱して、まったく身体と関係ない形態をつくっていく

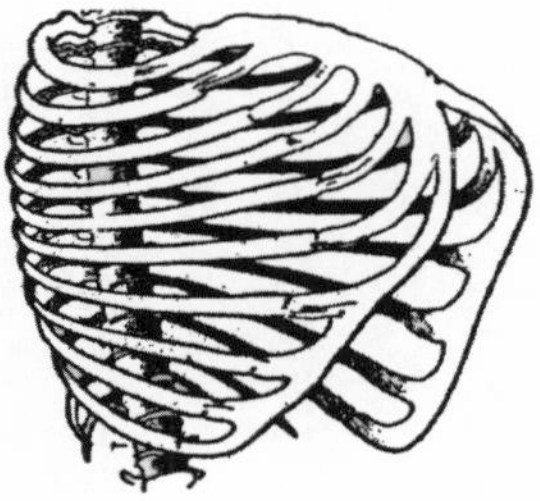

側面から見た新生児の胸郭

上から見た新生児と成人の胸郭
（87, 89 頁の図版はすべてエルンスト＝ミヒャエル・クラーニヒ著『ヴァルドルフ教育の人間学的基礎』1999 年，Ernst-Michael Kranich, *Anthroposophische Grundlagen der Waldorfpädagogik* より）

ことになり、そうなると腫瘍のようなものが形成されることになります。

歯の生え変わり後の形成力の働き

それでは歯の生え変わりまで身体の形、臓器の形態を完成させるために働いている圧倒的な形成力は、歯の生え変わりの後にはどうなるのでしょうか。

このことを考えるために、皆さんとちょっとした実験をしてみたいと思います。これから私がいろいろな言葉をいいますので、それを皆さんは頭の中で思い浮かべるようにたどってみてください。

冬の桜の木を思い描いてください。桜の木の幹を見て、それから枝を見てください。冬から春になると、桜の木に花がつき始めます。やがてミツバチがやってきて、羽音をたてながら、その枝のまわりを飛び回ります。そのミツバチがきれいな花の上にとまります。そしてまた、そこから飛び去っていきます。

さて、今、皆さんはどういうことを行ったのでしょうか。ご自分でふりかえってみるなら、皆さんが「表象」という活動をされたことがわかります。その表象活動の中で、皆さんはいろいろなイメージ、形象をつくられたわけです。

つまり、私たちは「考える」という活動の中でも、実は形成力を必要としているということです。

これはシュタイナー教育の柱となる、根本的な考え方です。それは、生後七年間は形成力が体内で働いていること、そしてその形成力は体内での活動から段階的に解放されていき、最終的には人間の思考力として、考える力として役立つようになるということです。

これまで私たちが見てきたのは、意志の力、感情の力、そして思考の力が、どのように段階的に体内から解放され、外に出ていくかということでした。体内で、臓器を造形するために働いていた力は、次第に必要とされなくなり、段階的に表象力や思考力として使わるようになるということです。つまり、体内で働いていた形成力と、七歳以降に思考の中で働く力とは同一の力なのです。

ここで重要なことは、歯が生え変わるまでの子どもは、まずはそっとしておくことが大事だということです。それはすなわち、まず子どもが自分の形成力をしっかり臓器を形成するために使うようにする、ということです。仮に、七歳になるまでに子どもに思考力を使わせてしまうならば、その場合、子どもの体内で自分の臓器を造形しようとしている力を、早期に、まだ早すぎる段階で、頭部へ、脳のほうへもってくることになります。そうすると、この形成力は本来のふさわしい仕方で、体内で働けなくなってしまいます。これこそが、私たちの時代の教育、現代の知性に偏った教育が幼い子どもにおよぼす一番の脅威であり、危険なのです。言い換えれば、それは幼い子どもの中の健康をつくる力を、知性のほうへ持っていってしまうということです。

私たちのさまざまな臓器は、生涯にわたって健康に機能できるように、生後七年をかけてその基礎をつくられる必要があるのです。ところが、早い段階で、臓器のなかから形成力を取り去ってしまうならば、本来行われるはずの臓器の繊細な構造形成、繊細なつくり込みが十分に行われないことになります。

したがって、生後七年間に重要なことは、本当に子どもをそっとしておくこと、子どもが自分の身体の基礎をつくり上げるという仕事に向かえるようにすることです。子どもが早い段階で疲れてしまったり、消耗してしまったりすれば、その後に現れるはずの思考力も、活発なものにはならないでしょう。

私たち大人も、身体が疲れ切って、生命力が衰えているとき、それでも頭を使って頭脳労働をしないといけないような経験があるかと思います。本来、それはうまくいきません。同様に、乳幼児期の子どもに知的な活動を強いるなら、それは子どもの身体から生命力を奪うことになります。

このことが、シュタイナー教育で、歯の生え変わりの後、小学校にあがる就学適齢期になって初めて本来の学習、勉強をはじめる理由なのです。これに関しては、たくさんの研究がすでに行われています。小学校に入ってから初めて知的な学習を始めた子どもたちは、非常に速やかに学ぶことができ、そうではない子どもたち、五歳から知的学習を始めた子どもたちにすぐに追いつくことができる、ということがわかっています。

つまり、小学校に入ってから学習をはじめる子どもたちは、早くから学習を始めた子どもたちより愚かになることは決してないのです。むしろ、入学後に知的学習を始めた子どもたちは、自分の身体の生命力をよりよく保つことができるという点で、有利になります。

もちろんこのことと、一人ひとりの子どもの運命がどのような巡り合わせを運んでくるかということは、別々に考える必要があります。たとえば、運命によって何らかの病気とかかわる必要がある場合もあります。しかし、それでも早期に知的教育のほうに傾けさせないですむならば、そういった病気の素質をもつ子どもでも、自分の素質とよりよく向き合う可能性を得ることになります。

残念なことに、今、世界中で、より早い時期に知的教育や学習を行わせたり、就学時期を早めたりする傾向が見られます。その一方で、子どもたちの健康状態がますます悪くなっていく傾向が観察されています。もちろん、頭痛、うつ病、不安状態など、そういった症状のすべてが知的教育への偏りに帰せられるわけではないでしょう。しかし、健康な身体の基盤が全体的に失われつつということは言えると思います。

もちろん、子どもたちは一人ひとり異なる病気の素質や体質をもって生まれてくるわけですが、そのような病気の素質や傾向は子どもの内側から出てくるのであって、外側から押しつけられることがあってはなりません。

たとえば私が大人として、子どもが七歳になる前に、たとえば四~五歳で足し算・引き算ができるようにしたいと考えているのと、子どもが自分から数に興味をもって計算し始めるのとでは、大きな違いがあります。私たちは、子どもが自分から計算し始めることを期待したり、促したり、励ましたりすることはありません。だからといって、仮に子どもが自分から計算に興味を持ち始めたとすれば、それを抑圧したり、禁じたりすることもしないわけです。

しかし、親の側が、自分の子どもが自分から計算したり、文字を覚えようとするのを見て、とても誇りに思い、それを自慢するというのも適切ではありません。子どもは、大人たちがどういう期待をしているのかをはっきり感じとるからです。

したがって、私たちは、子どもに対しては少し身を引いて、子どもが自分で自分の運命に即して、自分の形成力を使うことができるようにしましょう、と言うのです。たとえば、ここに花がありますが、この植物に対して、もっと早く花を咲かせようとすれば、その植物はその分早くに枯れてしまうことは想像できると思います。

生命をもつものは、すべてその個体に相応しい時期を持っています。それは許されるべきことなのです。それが尊重されるならば、一人ひとりの人間は、自分にふさわしい時期に、自分の運命に出会うことが可能になります。そのとき、たとえば四歳で就学することも可能ではあるわけです。

私はある学会に参加したことがあります。そこでのテーマは四歳児に対する算数の授業でした。

もちろん、四歳児に計算をさせることは可能です。それができるなら問題はないだろう、と人々は考えます。しかし、それが子どもにとってどういう意味をもつのか、ということは考えないのです。

そういうことをすれば、体内の形成力を臓器のなかから取り去り、脳の方にもって来ることにならないのだろうか、とは考えないのです。そういうことは考えず、それが可能なのであれば、それはよいことだ、と考えます。それによって、どういう素質を植えつけることになるだろうかとは、残念ながら考えないのです。

世界中どこでも、乳幼児、学童、青少年に対する教育機関が存在するところでは、子どもたちがきわめて早い段階で学習意欲を喪失するという傾向が見られます。それは子どもが最初の学びに対して、自分の内面からの興味をもって取り組むことができずに、外側からそこに仕向けられることに起因しています。

このような現実のなかで、私たちにできるのは、しっかりとした基盤をつくることです。そして、その基盤の上に、七歳をすぎてから、さまざまな文化的な能力や学習に取り組めるようにすることです。幼い子どもには模倣の力があります。幼い子どもは、模倣を通して、さまざまなことを自発的に学んでいく力があります。そのとき、子どもは自分の内なる欲求にしたがって、自分が学びたいこと、真似したいことをつかみ取ってきます。そのようなありかたは、学習意欲を生きいきとした状態に保ちます。

それは、たとえば幼稚園の先生が、「さあ、皆さん、これからハサミを使ってこの線に沿って切りましょうね」と一斉に促すのとは違うことです。その場合、子どもたちは、外から指示されています。しかし、子どもが自分で何かを工作したいと思い、そのためにはハサミが必要だということがわかってハサミを使おうとする場合には、それは内側からの動機づけということになります。

七歳まで、歯の生え変わりまでは、子どもが自分自身の動機づけによって内発的に内側からいろいろな活動にいたることを、私たちは乳幼児期にはきわめて重要視しています。

思考発達の段階

それではこれから思考発達の段階について、お話していきたいと思います。

当然のことながら、思考発達は生後七年間、歯の生え変わりの後も、その先まで続いていきます。そのことを考えるうえで、これまでの人類の歴史を振り返ってみましょう。これまでの歴史の中には、さまざまな時代があり、文化がありました。私たちは、人間というものは、これまでもずっと今の私たちと同じように考えてきた、思考してきたと思っています。しかし、実はそうではないのです。

古代文明、古代の文化のなかの人々は、きわめて自然に、目にみえないものがみえていました。いわば霊視能力のようなものが自然に備わっていたのです。何かを見れば、その何かの表面だけでなく、内なる本質が同時にみえたということです。現代の私たちは、何かの内なる本質を見ようとすれば、それについて考えなければなりません。考えることで、その何かの本質に到達しようとします。しかし、古代の人々は何かを見たとき、その「見る」という感覚活動の中で、その何かの本質を一緒に捉えることができたわけです。今よりはるかに深く見ていた、深く知覚していたということです。

現代の人間にとっては、感覚によって知覚することと、考えることは、別のことなのです。現代における私たちが何かを感覚で捉える、つまり知覚するということは、そのままその対象物を認識することにはなりません。たとえば、ある対象物を見たとします。しかし、その対象物をひたすら凝視したとしても、それが何のためにあるのか、どういう機能を持ち、どういう仕組みになっているのかは、わからないわけです。それがわかるためには、いろいろ考える必要があります。それが、現代の教師が抱える大きな課題でもあります。教師は、すてきな実験をたくさん見せることができますが、大事なのは、そうした実験で観察されたことについて、子どもたちが自分で考え、自分で認識にいたることです。そして、この考えるということについて、教師にできるのは、子どもたちに刺激や促しを与えることだけです。考えることを強制することはできません。

思考活動は、一人ひとりが自分の意志で考えようとしなければ始まりません。つまり自分の自我のなかから、自分で紡ぎださなければ成り立たないのが、考えること、思考ということなのです。私は長年、教師をしていたのですが、クラスに数学が苦手な子どもたちがいました。そういう子どもたちに対しては、思考の道筋を明らかにするためにいろいろな工夫をするわけです。しかし、そういう工夫をいろいろしたとしても、子どもの中からまるで火花がひらめくように「ああわかった!」という、そういう経験は子ども自身の内側から出てこなければなりません。それを外から与えることはできないのです。

したがって、現代人にとっての理解とは、外から目にみえるもの、観察されるものが向かってきて、それに対して自分の内側から自我の力で、自分の意志で思考を向けることによってもたらされます。観察したことと、考えたことが出合うなかで、理解が成立します。

しかし、古代の人間にとっての理解は、今日とは別のあり方をしていました。古代の人々は、何かを見たとき、見るということの中に同時に物事の本質が一緒にみえていたのです。実は、「考え」というものは、一つひとつの物事の中に潜んでいます。たとえば、植物であれば、一つの植物のなかにはその植物特有の「考え」が内在していて、それが植物の形態を内側から形成しています。どのような物質のなかにも、そのような考え、その物質特有の考えが働いています。古代の人々は、そのような一つひとつの物事に内在する考えを、外から見るだけで一緒に見ることができたということです。

人類の歴史では、時代が下れば下るほど、そういった霊視能力、物事の本質を見る力が衰えていきました。それと同時に、現代の人々のように、自分の内面で考える思考活動が育っていきました。

たとえば、古代エジプトの文明を見てみましょう。古代エジプトでも、通常の人間のなかでは、まだ内面における思考活動はありませんでした。その代わり、そのような内的な思考活動を持たない人々を集団として導くファラオや神官と呼ばれる人物がいました。そういう導き手たちは、いわば民衆の外にある集合的自我のようなものとして、人々に「考え」を伝えていました。何を考えるべきかを外から示していたのです。そして、通常の人々は、その文化のなかにある慣習やならわしに素直に従って生きていました。人々は、ある特定の状況のなかで、何をしてよいか、何をしてはいけないのかがわかっていました。

たとえば、イシスという神様の絵を描くときは、必ず牝牛の頭を描き、その上に太陽を置くのがならわしです。それは決まり事であり、自分の思うようにイシスの姿を描くことは許されていなかったのです。人々は、何ごとにおいても、慣習やならわしによって導かれていたということです。この時代の人々は、「なぜ?」と、根拠を問うことを思いつきもしなかったのです。

現代であれば、幼児のときから口にする「なんで?」、「なぜ?」という問いかけが、古代の人々にはありませんでした。この問いかける、問いを持つというのは、思考プロセス、思考活動のあらわれです。

人間が「考える」ことを始めたのは、歴史の中では古代ギリシャや古代ローマの時代でした。神殿の場で、秘儀とも呼ばれますが、とりわけデルフォイの神殿において、思考の育成がなされました。いわば高次の霊的存在に導かれるようにして、デルフォイをはじめとする神殿の場で、思考活動という文化が初めて育つようになったのです。

思考活動は国際的なもので、民族によって変化するものではありません。たとえば、三角形を考えるとき、日本の人も、ニューヨークの人も、ローマの人も、まったく同じように考えます。つまり。本来の思考活動においては、人類はもともと一つであるということです。物事について考えたり、認識したりするプロセスにおいて、私たちに違いはありません。違いがあるのは、意見においてです。

たとえば、植物の中に働く法則については、本当に事柄に即して考えるのであれば、世界中どこへ行っても、まったく同じように考えるのです。だからこそ、思考活動を初めて育成することになったデルフォイ神殿は、いわば国際的な文化の拠点、国際的な秘儀の場であり、特定の民族に限定されるものではありませんでした。どこの人間、どこの民族の人であっても、このデルフォイ神殿まで旅をして、そこで神託を受けることができました。もちろん、その当時は世界中、とりわけアジアのいたるところに、神のお告げ、神託を伝える場所がありました。そういう神託を伝える場所では、常に直接的な答えが与えられていました。しかし、デルフォイ神殿では、神のお告げが「謎かけ」として与えられる、ということが始まったのです。神のお告げを理解するためには、謎を解かなければならない、ということです。神のお告げについて考えることで、初めて思考活動が必要になってきます。

このようにして、古代ギリシャで、問いをたてることが始まりました。なぜナイル川は地中海に向かって下っていくのか。いまの私たちから見ると、やや無理があるような問いかけが、その当時から熱心になされるようになったのです。ここでは、これ以上、歴史の話はいたしません。でも、歴史上、古代の人々の中でどのように思考が始まっていったか。そこには三つの段階を見ることができます。それらの段階は、幼い子どもが通過する意識の発達とも重なります。そこで、これからそのことについて少し話しておきたいと思います。

まず最初に、幼い子ども、乳幼児は、母親と、または周囲の人々との共生関係のなかで生きています。それをシンバイオシス（symbiosis）の関係とも言います。この時期の子どもたちは、私たち大人よりもはるかに広い視野で、より全体的に物事をとらえています。ちょうど古代の人たちが霊視能力をもっていたのと近い状態といえます。自分のまわりの人々や物事の本質と結びつくようにして生きています。幼い子どもの中には、意識的な思考活動はありません。

その次の段階として、幼い子どもは模倣の能力、真似をするという能力を通して、生活のさまざまな習慣、しきたりやならわしの中に浸って生きるようになります。その時期の子どもは、いちいち理由を尋ねることなく、大人たちが生活の中で当然のように行うさまざまな活動を共に生きることになります。

そしてその後、反抗期の訪れとともに、子どもが「なんで？」と、問いを出す時期が来るわけです。そして、その頃から、今から例をあげますが、四歳ぐらいの子どもが自分の論理を見出していくことになります。

いま申し上げた、思考発達の第一段階は、その典型的なあり方をみるなら、「感覚運動の段階」ということができます。思考発達に関しては、亡くなってかなり時間がたつ人ですが、スイスの発達心理学者で、ピアジェという人がいました。彼の考え方は、古いですが、思考発達を理解する上では重要なものです。いまから彼の言ったことを少しご紹介したいと思います。ただ、ピアジェが言ったことを私はさらに発展させています。

ピアジェが言った非常に重要なことの一つが感覚発達です。この感覚発達は、先ほどの感覚運動の段階に含まれています。私たちの感覚器は、何かがそこに存在しているという、存在の痕跡を伝えます。私たちは、感覚を通して何かを知覚することで、その何かの存在を感じるわけです。私たちが、感覚を通して何かの存在を感じることが、思考発達の第一段階です。というのも、存在を感じるところから思考が始まるからです。考える、思考するためには知覚が必要であり、その知覚は、感覚を通して生じるということです。

感覚・記憶・思考のプロセス

次に私たちには記憶が必要です。つまり、自分が知覚したことについて考えるために、知覚したことを保存する記憶が必要なのです。そして、そのうえで本来の思考が働きます。そのプロセスは、まずは感じ取ること、そこに何かがあるという感覚から始まります。何かを感じ取って初めて、私の中には、「あ、そこに何かがある」という意識が生じるからです。その意識を与えてくれるのが、私たちの感覚器です。その際、私たちの感覚活動が全体的によく発達していることが重要です。なぜそうなのかは、次のお話からもご理解いただけると思います。

私たちの表象活動、思い描くという活動、思考活動の中には、すでにすべての感覚が働いています。たとえば、先ほど桜の木をイメージするというお話をしましたが、皆さんはそのイメージを心の目でご覧になったと思います。桜の枝につく小さな桜の花を実際に思い浮かべてご覧になったことでしょう。あるいは、皆さんの中には、その香りを思い出した人もいるかもしれません。あるいは、ミツバチの羽音が心の中で聞こえた人もいたかもしれません。つまり、私たちが表象し、思考するときには、つねにあらゆる感覚が一緒に働いているのです。

もし私たちが生後七年間に感覚の育成ということ、子どもたちの感覚活動を養うということができたならば、それによってその子が後に自分の感覚を働かしつつ、生きいきと考えるための基盤をつくることができたということです。感覚が生きいきとしていればいるほど、その人の思考も生きいきとしたものになるのです。

したがって、子どもが七歳になるまでにも、私たちは思考のために重要なことを行っているのです。子どもに考えるように意図的に仕向けなくても、実は思考のために有益なことをしています。

ピアジェは、思考とは内的な活動であると言っています。これはその通りだと思います。私たちは絶えず思考のなかで動いています。それは内的な活動なのです。この内的な活動をピアジェは「操作」(operation) と呼んでいます。ピアジェはこのように言います。子どもの振る舞いのなかには、すでに思考や知性が働いている、と。子どもの活動の中には知性が働いているが、その知性はまだ意識に上っていないというのです。

子どもの活動、行動の中にはすでに因果関係が働いています。たとえば何かを飲みたくなって、ジュースを手に取るとしましょう。そのような行動の中には、すでにいくつもの法則が働いています。たとえば口の中に液体が流れ込むためには、その容器を傾けなければならないというのも法則の一つです。

そのように子どもの行動の中にはすでにいくつもの因果関係が働いているけれども、子どもはそういう法則について頭で考えることはしません。子どもが最初に行うさまざまな行動は、子どもの運動能力に即しています。運動能力に適した行動をするわけです。たとえば、子どもはいろいろな物をつかんで、揺すったり、叩いたり、口にいれたりしますが、そうした行動はその子の身体の筋肉が可能にしていることです。つまり、そこでの子どもの行動は、その子が手にした対象物に即してではなく、その子の身体がすでに学習している運動パターンに即して起こっているということです。たとえば、自動車のおもちゃがあるとすれば、その自動車は決して口に入れるためにあるのではありませんが、子どもにはすでに口に入れるという運動パターンを学習し備えているので、その運動パターンに即してそれを口に入れるのです。

その段階のことを、ピアジェは「同化」(assimilation)と呼んでいます。外にあるものを自分の身体に適応させていくということです。でも、もしその段階にとどまるならば、子どもはそれほど多くのことを学習することはできないでしょう。

次に、子どもは対象物を、その対象物の本来の目的に即して使うことを学び、それによって物を通して世界を学んでいきます。たとえば、ジュースのボトルであれば、そのボトルが何のためにつくられているかということに即して、それを使わなければなりません。そのようなプロセスのことを、ピアジェは「調節」(accommodation)と呼んでいます。今度は、自分自身を世界に即して調節するということです。

そのように同化と調節を繰り返しながら、子どもは自分の感覚と運動能力を通して世界を知っていきます。これはだいたい二歳半ぐらいまで続きます。その最初の段階で、子どもは、自分の行動は世界の中にさまざまな反応を引き起こすのだということを知っていきます。また、子どもは、ある対象物は、自分が手にしているときだけではなく、目をそむけたり、そこから離れたりしているときにも、存在し続けるのだということを知るようになります。

この段階で、子どもは、どんな物にも一つひとつ目的があり、その目的に即して使用すべきだということを学んでいきます。そして、何かをするために、ある物をつかみとるということを始めます。これは、子どもが運動のなかに知性を働かせる時期です。頭で考えるのではなく、身体を動かす中に知性が働く時期なのです。

思考発達の第二段階は、二歳半から六歳ぐらいまで続きます。この時期は、先ほど「操作」と言ったように、「前操作期」または「直観的思考段階」と呼ばれます。ここでいう「直観的」とは、インスピレーションの意味での直感ではなく、実際に目で見て、直に見るという意味での「直観」です。

この段階になると、子どもは自分が身体のなかに経験するさまざまな力、たとえば空腹感とか、成長の力とか、そういう体内に働いているいろんな力を物事に投影していきます。自分の身体のなかに経験されるすべてのことが、自分の外にある世界にも起こっているだろうと考えるのです。

そこでの子どもの思考のありかたは、すべてのものが自分と同じように生きているということです。

たとえば、向こうに、高い山がみえたとします。そして、その時までに子どもが次のような経験をしていたとします。ここにボトルがあるのは、誰かが持ってきたからだ。誰かが何かを持ってくることで、初めてその何かは存在するようになる、という経験です。そのように、何かが存在しているときには、誰かがそれをそこに運んできたに違いないという経験が子どものなかにあれば、それがそびえたつ山にも応用されるわけです。そして、子どもはこんなことを言います。

「誰かがあそこに山を置いたんだね。でも、そういうことができる人ってすごい力持ちだね。」

「でも、あの山は最初はちっちゃかったんだよ、でもそれがだんだんあんなに大きく育っていったんだよ。」

子どもが体内で経験したことが、世界に投影されていくということです。しかし、これはまさに思考の実験なのです。それは、世界を理解しようとする、子どもなりの思考による試みであるといえます。

あるいは空に雲が漂っていくのがみえます。すると、子どもはそれを見て、「雲さんはゆっくり歩いているね」と言ったりします。そのとき、子どもは、ゆっくり歩くということを自分で経験しているわけです。また、「雲には足がないんだね」と言ったりします。「ミミズみたいだよね、だからあんなにゆっくりしているんだね。」

このような子どもの発言には、実は信じられないほどの論理性が備わっていることがわかります。その子は、ミミズを見たことがあって、そして雲はミミズのように這っていると考えたのです。たしかに、ミミズには足はありません。地を這うミミズが、空を漂う雲と関連づけられて、確かに雲には足がないし、同じようにゆっくり動いている、というように共通性が見出されるのです。これはすなわち、四歳ぐらいまでの子どもは、つねに自己中心的に、自分から出発して世界を見ている、ということでもあります。

この思考の第二段階は、まさに幼稚園の時代に一番よく現れますが、そこにはもう一つ、こういう特徴があります。たとえば、ある容器に水を注ぎます。次に、今度は細い容器に同じ量の水を入れれば、その水位は高くなります。小さい子どもの考え方の特徴のひとつとして、物事に特徴がいくつかあったときには、その一つだけに集中するということがあります。水の入った二つの容器を見れば、こっちの方に水がたくさん入っていると思います。水位が高いという一つの特徴だけが目に入り、いくつもの特徴を同時に考えるということはしないのです。

また、子どもはよく年齢と身長を関連づけて考えます。たとえば、私が隣の人よりも年齢が上で、背の高さも、私の方がその人よりも上だとします。そして、私がしゃがんで、背を低くしたとします。それを他の子どもが見たら、その人の方が私より年上だ、なぜなら彼の方が背が高いから、と考えるわけです。つまり年長である、年上であるという特徴が、身長と結びつけられます。そのとき、子どもは身長という一つの特徴だけを視野に入れているのです。

この時期の思考の発達段階で、子どもにとって重要なのは、実際に今、具体的にみえている、ということです。つまり、先ほど「直観」といいましたが、今、直に見ているということが重要です。

さらに、その次の思考発達の段階は、小学校に上がってから始まります。この段階はもはや「前操作的」ではありません。操作、オペレーションとは、実際に頭の中で考えている、活動しているということです。小学校に上がってからは、エーテル体または形成力が解放されます。すると、子どもは頭の中だけで考える、ということができるようになります。つまり、それまでのようにつねに手を動かしたり、活動しながら考えるのではなくて、頭だけで考えることができるようになります。

たとえば、小学校一年生の算数の授業では、まだ目の前にビー玉や小石のようなものを置いて考えるかもしれません。それは子どもがまだ、具体的に目の前のものを見る必要があるからです。それは、まさに子どもがまだ、自分が直観できる、直に見ることのできる対象物があって初めて、思考できる段階にあるからです。けれども、小学校に上がってから目標とするのは、そういう具体的なものを取り去っても、頭の中だけで考えを巡らせることができるようになる、ということです。ただ、そのとき子どもに必要なのは、抽象的に何となく考えるのではなく、頭の中であっても具体的に表象できるようにするということです。つまり内なる像、イメージを持つことができるようにするのです。

シュタイナー学校では算数の時間に、小さなお話をしたりします。たとえば、「ゆう子さんがリンゴの木から、十五個のリンゴの実をもぎ取りました。そこに二人の友だちがやってきました。そこで、ゆう子さんは、この二人にそれぞれ同じ数だけのリンゴをあげたいと思いました。どうしたらそれができるでしょうか。皆さん、ゆう子さんをどうしたら助けてあげられますか?」

そのような話し方をすると、まず第一に、子どもの中に共感できる感情が働きます。そのうえで具体的なイメージ、具体的な像として、数の問題がみえてくるわけです。この段階のことを、ピアジェは「具体的操作期」と呼んでいます。

時間がすでに過ぎてしまったので、最後の第四段階については、その名前だけを挙げておきます。これはだいたい十二歳以上になってから始まります。もはや具体的なイメージは必要とされない、抽象的な思考の発達段階です。だからこそ、シュタイナー学校では、十二歳以降になって初めて、抽象的な自然科学の法則を扱うようになります。それはすなわち、シュタイナー学校の授業計画は、子どもの発達にもとづく授業計画であるということです。そこで行われるのは、知識を蓄積するための授業ではありません。もちろん、シュタイナー学校で、授業のなかで伝達される情報量は膨大なものです。そのたくさんの情報量が伝達されるのは、つねに教師が子どもの発達段階を踏まえているからこそ可能になる、ということです。まさにそのような授業のありかたが子どもの健康を支える、と考えるわけです。

それでは、皆さんがこの話を受けて、またふたたび子どもたちとかかわるとき、いいかかわり方ができますように祈っております。今日、来てくださった何人かの方々の中には、今後もお目にかかると思いますが、お目にかからない方もあると思います。その方々には心からお元気で、と申し上げたいと思います。ありがとうございました。

（二〇一六年七月二十四日）

II　教師と保育者の自己教育

――修行とは何か？

教師や保育者に「自己教育」は必要なのか?

これからお話しするテーマは、教師や保育者の自己教育、または「修行の道」というものです。修行の道という言葉の代わりに、自分で自分を導くという言い方ができるかもしれません。そこで自己教育、または修行とは何か、ということを考えていきたいと思います。

私たちは、親のもとにいるあいだ、あるいは学校に通っているあいだは、教育を受けています。

人生そのものも、私たちにさまざまな体験をもたらすことで、教育をしているといえます。それで十分なのではないでしょうか。学校教育や人生がもたらす教育に加えて、さらに自己教育というものが必要でしょうか。人生を生きるだけで十分大変なのに、そのうえさらに自己教育ということをやって自分を苦しめる必要があるでしょうか。

ここにいる私たちはみな、自分にとっての理想の姿、理想像というものをもっていると思います。いわば予感のようにして、私のなかにいつ頃からかまどろみ始めた、自分はこうありたい、こうなれたらいいなという理想の姿です。これは決して、いつか成功を収めたいとか、銀行口座にたっぷりお金をためたいとか、そういうことではありません。そうではなく、私たちのなかには、人間としての理想のありかた、そういうものが眠っているのではないか、ということです。私たちは、いつもそういう理想像に照らして、自分の行為や感じ方、考え方を吟味しています。そして、心のどこかで、私たちはまだ全然、自分の理想像に近づいていないということを感じているのです。

実は、私たち一人ひとりの中には、自分の理想像に近づいていきたいという、そういう努力のようなものがつねに働いています。それはすべての人間の中に、多少の違いはあるにしても、つねに存在している成長への欲求、進化への欲求だといえます。自分の中にある、そのような進化への欲求が仮に消えてしまったならば、私たちは人類としての歩みから外れてしまうことになるでしょう。この進化への欲求、進化への意志は未来を指し示すものです。

それと正反対なこととして、自分にすっかり満足して、自分は素晴らしい、自分は偉大なんだ、十分に立派になったんだから自分は変わらなくてもいいと考えるとすれば、それは最悪なことです。私が変わる必要はない、変わらなければいけないのは他の人たちだ、自分はこれでいいのだというようなものです。しかし、誰かがそのような態度をとれば、それが社会的にどんなに耐え難いことになるか、みなよくわかっています。

ここでちょっと考えていただきたいのですが、私たちはいったいどのような理由で、自分を成長させたい、進化させたいと思うのでしょうか？　本当に私たちのなかに理想の人間像があって、それに近づいていきたいと思うから、そういう成長への欲求があるのでしょうか。それとも、自分自身の利益になるから、より快適な状態にいたるために、修行の道を求めるのでしょうか。

今日、修行の道を提供するものはたくさんあります。たとえば経営者のための修行の道もあるわけです。そういう経営者にとっての修行の道は、要するに、自分の意志を完全に統御して、そして自分の思考や感情の表現をコントロールしていくことを学んでいきます。その修行の道の目的は、この産業界、ビジネスの世界で生き残ることです。したがって、今日提供されるたくさんの修行法、訓練法は、それによって成功することが約束されます。それが本来の修行の道の目的なのでしょうか。修行によって、自分がもっと権力を身につけたい、自我を、エゴを強めたいということが、動機づけになるでしょうか。あるいは、私はより人間的になっていきたい、理想の人間像に、本来の人間のあり方に近づいていきたいということが、修行の道を選ぶ動機になるでしょうか。

本来の修行の道、あるいは本来のスピリチュアルな修行の道は、人間が精神的なもの、霊的なものに再びつながるところにまで導こうとします。ルドルフ・シュタイナーはこのことを次のような言い方で表現しています。それはこういうことばです。

「アントロポゾフィー（＝人智学）〔シュタイナーが提唱した思想〕は、人間における精神的なものを宇宙における精神的なものへと導こうとする認識の道である。」

この言葉が示しているのは、人間の日常のあり方から出発するということです。そして、日常の自分から出発することが、決して自分のためだけではなく、人類全体にかかわることになる、ということです。

たとえば、みなさんがシュタイナー教育を学ぼうとされるとき、みなさんの目標は口座のなかのお金を増やすことではないでしょう。私たちは、社会生活を営むなかで、精神的な人間像に、または人間のなかの霊性に近づこうとして、その手段の一つとして、たとえばシュタイナー教育を学ぼうとするのではないでしょうか。

〝魂〟の働きがもたらす自己教育

自己教育を考えるうえで、ひとつ大切なことがあります。それは自分の心の中には、さまざまな力がうごめいているけれど、そのなかで主人となるべきものは私の自我である、ということです。もちろん、そのことが目的なのではありません。私自身が、つまり自我が、心の中のいろいろな働きを統御しようとしても、完全に統御できるわけではありません。もし本当に完全に自分の心を統御できたならば、私たちはもはや人間ではなくなるでしょう。しかし、心の中のさまざまな魂の力に対して自我が優位に立つこと、自我による統御を目指すこと、その努力が「瞑想」（メディテーーション）という活動なのです。そして、瞑想を行うなかで、自分のなかに「精神的な感覚器官」を形成する可能性が生じます。この精神的な器官は、私たちが自分自身を、またこの世界のさまざまな出来事を、今までとは違うしかたで理解するためのものです。

たとえば、この世界を唯物論で見るとすれば、当然、利己的な、エゴイスティックな生き方がきわめて有利で妥当であるといえるかもしれません。しかし、人間に対して、また地球という惑星に対して、スピリチュアルな見方をするなら、私の生活態度は変化していきます。

この瞑想、修行には、きわめて長い道のりがあります。通常、私たちが日常生活を生きる中で努力するよりもはるかに多くの努力を、この修行の道は求めます。特に、修行の道において大事なのは、素早く成功をおさめることではありません。私が成功することは、自分の自我にとっては素晴らしいことですが、世界にとってはたいした意味を持ちません。ですから、修行の道を歩み始めたときは、それによって何らかの素晴らしい体験ができるとか、大きな成功をおさめることが約束されるわけではないのです。そのような期待をもつ人は、修行の道をみずから妨げてしまうことになります。

しかし、自分の生活の中に、そういった修行の要素を少しずつ取り入れていくならば、ある力の源泉、力の萌芽にいたります。その力の源泉によって、今、自分が行っていることに確信がもてるようになります。その現れとして、一人ひとりの運命がより明確に形成されてくるということがあります。そして、自分の運命のなかで、自分にとって本当に必要なこと、適切なことが起こるのだという、いわば運命への信頼が育ってくるのです。

もちろん、深刻な運命の打撃にさらされることもあるでしょう。けれども、修行の道を歩んでいくなかで、大きな成功や目にみえる成功がなくても、ある確信のようなものがはっきり感じられるようになります。人によっては、修行の道を歩み始めると、直ちにいろいろな霊的な体験をもつこともあります。それは、その人の前世の体験によって、そのための準備を重ねていたからです。しかし、多くの場合、修行の道には非常な忍耐、持久力が要求されます。というのも、私たちの時代そのものが、そういった修行の道に対して大きな妨げをもたらすからです。そのたびに、私たちは自分に向かって、大事なのは行為だ、成功ではない、行為そのものが私たちに変化をもたらすのだ、と言い聞かせなければなりません。

この修行の道を通して、私たちの心の中のいろいろな力が強められていきます。瞑想と並んで、私たちの心の力、魂の力を強める訓練があり、それは一生を通じて行われます。そのように心の力を強める修行のことを、シュタイナーは「副次的修行」または「並行して行う修行」

（Nebenübungen）と呼びました。「六つの行」という言い方もあります。副次的といっても、大事ではないということではありません。瞑想と並行して行う修行は、世界のさまざまな文化のなかで、心の力を強める方法として知られています。いわば自分の利益を目的とした自己啓発的な修行法、経営者のための訓練などでも、この心の力を強める修行法が提供されています。しかし、その場合には、その修行法に支えられて、瞑想の中で精神的な世界に道をつけるということにはなりません。

ここでいう魂の力とは、いったい何なのでしょうか。そもそも私たちの人格、私たちの自我を成り立たせているのは、そのような魂の力であると言えます。誰かと知り合いたいと思ったとき、私たちがまず考えるのは、その人の考え方（思考）であり、その人の感じ方（感情）であり、その人の生き方、あるいは行為（意志）ではないでしょうか。この思考、感情、意志は、自我が自分をこの世に表すための、三つの可能性であるといえます。それ以外のしかたで、自我が自分を発現することはできません。自我の現れのすべては、思考、感情、意志のいずれかに分類されます。ですから、修行の道は何から始まるかというと、この思考、感情、意志の力を強めることから始まるのです。

思考の力を強める

なぜ自分のなかの思考の力を強めなければいけないのでしょうか。私たちは多くの場合、いろいろな連想で物事を考えています。ふとしたきっかけで何かを考えては、そこに別の考えが現れます。思考が勝手に展開していきます。普段、私たちの思考はところどころに飛躍があったり、本当の現実や事実に即していなかったりします。あるいは、自分の個人的な意見によって歪められたり彩色されたりしています。そのような思考のあり方では、本当に事柄に即して考えることにはなりません。そこで、思考の力を強める訓練が必要になります。

その訓練が目指すのは、私たちの自我が思考を導くということです。いろいろな物事に反応して考えるのではなく、自我が、思考という船の船長、思考という乗り物の運転手になるのです。つまり、私の自我が、どのように一つの思考が別の思考に連結していくかを導くのであって、いろいろな思いつきで、勝手に思考があちらこちらに進むのではない、ということです。

そのように思考を強めるために、次のような訓練をします。まず非常に単純なものを取り上げます。見通しのきくきわめて単純なもの、たとえば針を取り上げます。そのとき、針について、自分はどのように考えたらよいかを考えるわけです。

まず、その針は何からできているのか、どのような物質を素材としているのかを考えます。

次に、針はどのような工程で製造されるのかを考えます。ただし、推測や憶測はしないようにします。その製造工程について、自分が知らないことは憶測するのではなく、いったん置いておきます。大事なのは、事実に即して考えることであって、知らないことを想像したり憶測したりすることではありません。

次にこの対象物の使い道、針の使用法について考えます。そこでも、いろいろな思いつきがやってくるのではなく、私がその使用法について考えていくということです。

さらに、いったいどのような考えがこの対象物のなか、針なら針のなかに入り込んでいるのかを考えます。また、自分は針の歴史を知っているだろうかと考えてみます。

今、私が上げたテーマはいくつもあります。しかし、そのように一つの物をめぐって思考する訓練は、一回に五分以上、続くべきではありません。ですから、この思考の行を始める前に、あらかじめ今回はどの側面を取り上げるのかを考えて決めておきます。たとえば、その対象物の外観、見かけを考える。次に製造工程を考える、それからその中に働く考えについて考える、というようにです。私の場合、つねにその対象物の外観、見かけについては考えるようにしていますが、たとえば見かけと使用法、見かけと歴史について考えるというのでもいいかもしれません。大事なのは、あらかじめ、自分はこの対象物について、この順番で考えていこう、と決めることです。そして、実際に考え始めたら、外観について考えているときに、ふと思いついて歴史のことを考えだしてはいけないのです。見かけについて考えているときは、見かけについて考え続けます。そのほかのあらゆる思念や考えは可能なかぎり排除し、その事柄だけを考えるようにします。これは困難なことです。一回目、二回目、三回目は何とかうまくできるかもしれませんが、四回目、五回目、六回目になると、その訓練をしながら、急に買い物をしなきゃとか、ほかのことを思い出したりします。ここで大事なのは、そのように注意が外に逸脱することを避け、ひたすら一つのことを考え続ける力なのです。

重要なのは、そういった他の考えが入り込んできたとき、いちいち苛立つのではなく、冷静に、自分はべつのことを考えてしまったが、今はひたすらこのことを考えるのだと、思考作業を続けていくことです。そのようにして、針なら針、一つの対象物について、数日かけて考えていくこともできます。

しかし、毎日、べつのものについて考えても構いません。大事なのは、それが単純なものであること、見通しのきくものであることです。また、数日かけて、同じ対象物について考えるときは、その思考の中でつねに能動的であることが重要です。すでに考えたことを、記憶をたどりながら考え直すのではなくて、絶えず能動的に考えるということです。もし考えることが同じことの繰り返しになっていくようであれば、新しい対象物を選んで、それについて考えるほうがよいでしょう。

この訓練を、たとえば一日に一回、四週間、つまり一カ月にわたって続けます。一カ月が過ぎたら、それを急に止めるのではなくて、そのエクササイズは緩やかに続けていきます。そして、二カ月目からは，第二の修行、意志の行を始めます。

意志の訓練

この意志の行の中身は、たとえば、午後一時に必ず左の耳たぶを触る、というようなことです。

ここでの目標は、まったく意味のない行為を、ある決まった時間に、必ず実行するということです。

なぜ意味のない行為でなければならないかというと、その訓練を続けるために、自分の自発的な意志が必要になるからです。もし何か有意義な行為をすることになると、その動機づけは、外の世界からやってくることになります。意味のない行為とは、たとえば同じ時間に瞬きをするとか、足を踏み鳴らすとか、何でもいいわけですけれども、その本来、何の役にも立たない行為を自分で選んで行うということです。そして、午後一時とか、午後三時とか、一つの時間を決めるということです。ただ、その時間を選ぶ際にも、そこに無理がなく、この時間であれば、この訓練を思い出して実行できるという時間を選びます。

このようにお話しすると、簡単に聞こえるかもしれませんが、やってみるとかなり困難です。というのも、かなりの確率で忘れてしまうからです。しかし、忘れてしまったとき、そのことにいちいち腹を立てるのではなく、淡々と、またやってみようと考えることが大事です。たとえば、忘れてしまったら、その日のうちに、三時間後にもう一回やろうと決めてもよいでしょう。また明日やろうと考えるわけです。そのとき、自分に対して優しく接することが大事です。いちいち、なんで忘れたんだろうと腹を立てないようにします。

もし時間を決めて、それを思い出すのがとても困難だということになれば、時間の代わりに場所を決めてもいいでしょう。たとえば、毎朝バスに乗ったら、こういうことをしようという決め方でも大丈夫です。けれども、もしその行為が習慣になってしまったら、直ちにべつの行為に切り替えるべきです。

これもまた四週間、一カ月かけて行います。その間にも、最初に行った思考の行も緩やかに続けているべきです。

感情の訓練

次に、感情の制御という訓練があります。感情の制御というと、何か冷たい感じかもしれませんが、ここでの目標は、自分が何も感じないようにすることではありません。そうではなくて、反応としてとっさにでてくる自分の感情の表現をコントロールします。とても好ましい、喜ばしい感情だったとしても、直ちに外に表さないようにする、ということです。

ちょっとしたことですぐに泣いてしまうようであれば、それも自分の感情を制御していることにはなりません。また、笑うことができない人も、感情を制御しているのではありません。いつも笑っている人も、実は感情を制御してはいません。この訓練で重要なのは、感情において無感覚になる、感情を鈍らせるということではありません。感情は生きいきとしていなければなりません。ただ、あらゆる感情を直ちに外に表出させることはしない、ということです。

そのように感情を制御することで、じつは内面の感情はより豊かに生きいきとしてきます。ここで重要なことは、自分の感情領域、感情の営みの中に意識を持ち込むということです。

そして夜、寝る前に一日を振り返って、自分はどういう場面で自分の感情に影響を及ぼすことができたかを考えます。多くの場合、私たちは自分の感情の中に浸りきっています。いわば感情に埋没していて、それを傍から眺めることができません。ここで重要なことは、苦しみや喜び、悲しみに対して少し距離をおくということです。距離をおいて、自分の感情をあるがままに見るということです。

積極性と捉われのなさ

あと二つ、積極性と捉われのなさという訓練があります。

積極性の行とは、なにか否定的な事柄に出会ったとき、そこにどういう積極的な、ポジティブな側面があるのかを意識的に探ろうとする態度を育成することです。

決してすべての物事をポジティブに、バラ色に考えるということではありません。もちろん、否定的なもの、良くないものは、良くないものとして見なければなりません。しかし、そこにとどまるのではなく、もっとよく見ようとするわけです。もっと広く、もっとよく見て、そこに否定的なもの以外に何があるのかを見出そうとします。多くの場合、私たちは何かを批判するとき、その批判した何かの中にじつは肯定的なもの、積極的なものが潜んでいることを見逃しています。したがって、この訓練の目標は、良くないものと同時に、その傍らにある良いものにも気づくようになるということです。

次の捉われのなさとは、先入観を排するということでもあります。つまり、人生を生きるなかで、開かれた心をもつということです。私たちは、生活の中で出会ういろいろな物事に対して、初めから先入観や予断をもっていることがあります。そこに新しいものを見ようとしないわけです。ですから、私たちは過去に経験したことを思い起こし、過去の経験に縛られるのではなく、新しいものが自分に語りかけるのを許さなければなりません。そのようにして、自分の心の中のいろいろな力を強めていくということが、じつは瞑想を行ううえで必要なことです。

瞑想とは何か

この瞑想とはどういうことをするかというと、今度は、意味のある何らかのイメージ、何らかの内容と取り組みます。そういうスピリチュアルな内容と取り組んで、それ以外のものは一切心から排除します。そしてその内容の中だけに身を置くようにする、内容の中だけを生きようとするのです。そのスピリチュアルな内容には、含蓄のある言葉を取り上げてもいいでしょうし、詩を取り上げてもいいでしょう。マントラと呼ばれる、瞑想のための言葉を取り上げてもいいでしょう。あるいは、たとえば陰と陽の象徴のような、記号でもいいでしょう。しかしそれとはべつに、感覚で知覚できるイメージ、感覚の知覚像を瞑想の対象にすることもできます。その場合には感覚でとらえたものの中の、スピリチュアルな本質へいたろうとすることになります。

ここで一つの例として、言葉を用いた瞑想をご紹介します。ルドルフ・シュタイナーはたくさんの瞑想のための言葉を与えていますが、今、私はあえて古代インドの言葉を取り上げたいと思います。

根源の自己、そこから私たちは生まれた、
根源の自己、それはすべての事物の中に生きている、
高みにある自己よ、私たちはあなたのもとへ帰っていく。

Urselbst, von dem wir ausgegangen sind,
Urselbst, welches in allen Dingen lebt,
Zu dir, du höheres Selbst, kehren wir zurück.

たとえば、このような言葉が瞑想の内容として適切だと思います。

次に、このような言葉を選んだら、自分の心の中でそれを静かに、ゆっくりと唱えます。そして、たとえばそこに「根源の自己」という言葉があれば、それを取り上げて、いったいこれは何なんだろうか、どういう意味だろうかと問いかけます。そのようにして、一つひとつの言葉のなかに沈潜していきます。ただ考えるだけではなくて、感情も感覚も働かせるわけです。

そのようにして一つひとつの言葉、たとえば「根源の自己」という言葉を自分のなかでしっかり感じ、考えたなら、今度は瞑想の言葉全体、その詩全体を自分の中で響かせてみます。その言葉が心を満たすようにするのです。そのとき、それについての考えだけが心を満たすのではいけません。それについての感じ方、感情も、そこに伴っていなければなりません。

しばらくの間、そのような瞑想の言葉と取り組んだら、今度は、その言葉を手放します。瞑想の言葉をいったん横に置いて、心の中には何も存在しない、そういう空虚な状態をつくります。何かを受けとれるような、空の容器を感じます。言葉を使った瞑想を行っていたとすれば、それはいわば自分の心の力を呼び起こして、スピリチュアルな高みへ上昇していくようなものです。次に心を開き、心を空の容器にすることで、ある力が上から下へと降りてきます。それは私の行為ではなく、天から、あるいは上から、力が降りてくるのです。そのとき重要なのは、決して何かを期待したりしないということです。期待すれば、心の中で何らかの操作をしてしまいます。ひたすら開かれた心で、いったい何が起こるのかを待ち受けるということです。もしかしたら、こういう訓練をずっと続けても、死ぬまで何も起こらないかもしれません。しかし、それにもかかわらずそういう訓練を続けることは、死を迎えるとき、その先に対するとてもよい準備になるのです。

そのように何らかの利己的な目標をもたずに、そういう修行の道を歩んでいくならば、死後の進化がまったく違うものとして起こってきます。

瞑想を始める前は、いったん自分の心を静かにして、日常のいろいろな物事から切り離すようにします。たとえば敬虔な気持ちや、何かに帰依するような気持ち、そういう感情を呼び覚ますことができるでしょう。あるいは、自分の身体そのものを感じるようにしてみてもよいでしょう。自分の身体のなかで、どこか緊張しているところはないだろうか。自分の身体は今、どういう状態だろうかと内側から感じていきます。そのようにして、いったん日常を脱ぎ去るための気分をつくります。

そして、瞑想を終えたら、今度はたとえば感謝の気持ちのような感情で自分を満たし、それをもって日常生活に戻ります。そのようにして、修行の始まりの部分と締め括りの部分を、ほんの一瞬で構わないのですが、しっかりもつようにします。

この瞑想のために用いる時間は、人それぞれです。人によっては、たった五分間かもしれませんし、仏教の僧侶たちのように、何時間も瞑想することもあります。どんな人にも、その人にふさわしい時間があります。それが重要であって、自分に何らかの強制をしないほうがよいでしょう。

イメージによる瞑想

次にイメージを使った瞑想、イメージのことを形象といいますが、形象による瞑想があります。ここでは、シュタイナーが『治療教育講座』という講座のなかで、治療教育者、障碍をもつ子どもたちに関わる教育者たちに与えた瞑想を紹介します。シュタイナーは瞑想法を詳しく説明したわけではありませんが、私は一歩一歩説明してみたいと思います。

みなさん、まず円を思い描いてください。円を思い浮かべたら、その円がだんだん小さくなっていって、最後には点になるように考えます。次に、その点がまた開いて膨らんでいき、最後には円になるように考えます。円が点になり、また点が円になります。次に、円の外側と円周の色を青で想像してみてください。そして中心点は黄色で想像してください。円の外側と円周の青をだんだん小さくしていきます。そして、今度は黄色い点を広げていってください。すると青い面と黄色い面が出合うところ、重なるところがあるでしょう。その二つに同時に集中することは困難です。もしそれが困難に感じられるなら、最初は一方だけに集中してもかまいません。そしてこの記号のメディテーションに対して、シュタイナーは言葉を与えています。


青い円が外にあり、黄色い点が内にあるとき、私は自分のなかでこのように唱えます。

「私の中に神がいる」

黄色い円が外にあり、青い点が内にあるとき、私はこのように唱えます。

「私は神のうちにある」

この瞑想を行った後、すべてを手放して、自分の心の中にからっぽの容器をつくります。そしてその空の器のなかにしばし留まります。

感覚の瞑想

次に感覚の瞑想の話をします。ドイツの偉大な作家、詩人であったノヴァーリスは、あるとき、このように言いました。「あらゆる偉大な知覚活動は宗教的である。」

つまり、本当にありのままに知覚するとき、私は共感や反感に浸るのではなく、一切の予断や偏見なしに、相手のあるがままに帰依しています。すると、そこには驚きの感覚、畏怖の感覚が生じてきます。

ここで考える必要があるのは、私が知覚するすべてのものの中に、精神的なものが生きているということです。たとえば植物を見るとき、そこには物質の現れが知覚されます。しかし、植物の中には精神的な形成力が働いています。その精神的な形成力は、この肉眼で、物質の眼でみえるわけではありません。それにもかかわらず、その精神的な形成力は、私の魂や精神に働きかけています。あらゆる知覚活動は、私の精神や魂に影響を及ぼすのです。だからこそ、私たちは幼児教育のなかで、どういう知覚体験、どういう感覚体験を子どもに提供するかに特別の注意を払うべきです。というのも、目にみえるものや感覚を通して入ってくるものはすべて、子どもの魂や精神にまで作用を及ぼすからです。

たとえば、子どもがデジタルメディア、視聴覚メディアに触れているとすれば、そこには子どもの魂や精神に働きかける本質がまったくないことになります。しかし、子どものまわりに本当の植物、本当の動物、本当の人間がいるならば、その触れ合いのなかで、その事物の中の精神的なもの、魂的なものが、子どもの中の魂や精神に働きかけることになります。

このような感性は、日本の文化のなかに、とりわけ神道という宗教性を通して、深く根づいていると思います。したがって感覚の瞑想は、とりわけ日本文化の精神性に非常に近いものでないかと思います。感覚の瞑想が目標とするのは、感覚体験そのものを通して、事物のなかに働いているエーテル体、形成力、あるいはそこに働く本質に迫っていくことです。なぜ今日、そういったことを意識的に育成し、修行の対象にすることが重要なのでしょうか。それはなぜかというと、自然は、人間によるより深い認識を必要としているからです。

たとえば、今日、世界中でミツバチが死滅しつつあります。それはなぜかというと、人間がミツバチの本質をまったく認識しなかったからです。あるいは、世界中で提供される植物の種は大きく変質してしまいました。良質な生命となる植物をもはや生み出すことができない種が出回っているわけです。ドイツでは、感覚の瞑想を通して非常に卓越した能力をもつにいたった人たちが、まさにこの植物の種子に関する研究を行っています。これらの人たちは、種のなかに働く生命力の流れを描くことができます。彼らは、どのようにして種の中のエーテル的な力を強め、それによって実際により良い植物がそこから成長するかを示すことができます。私たちは、ふたたび自然のなかに存在する精神的な本質を理解するようにならなければなりません。なぜなら、人間の理解があって初めて、自然界はふたたび生命をもつこと、本来の生命を展開することができるからです。

そういうことについて、日本の叡智は本当に多くのことをわかっていると思います。その意味で、日本の詩人、俳諧師である松尾芭蕉は「松のことは松に習え、竹のことは竹に習え」と言っています。そして、自分にまとわりつく自分に関わる思考は一切排除しなさい、そうでないと自分の思考を自分が観察しようとしている相手に押しつけることになる、と。

ここで重要なのは、自分が出会おうとしているその相手が、自分に語りかけてくるのを待つということです。感覚を通して相手を受けとめ、そのとき、自分の考えや感情や意志をいったん排除することです。

あるいは、紀元前五世紀に生きたゴータマ・ブッダという人は、このように言ったそうです。「黄色い花だけの花束を目の前におき、他の一切のことを考えず、黄色だけに集中し、黄色だけで自分を満たしなさい。それから、いったんまなざしをそらし、自分の内側に何が湧き起こるかを見なさい」と。これは、何かを見たときに眼に残る生理的残像のことを言っているのではありません。そのような感覚体験を通して、心の中に何が湧き起こるかに注目せよと言っているのです。すると、いわば「黄色性」のようなもの、黄色の本質のようなものが心の中に浮かび上がってくるだろうというのです。

これに対して、ルドルフ・シュタイナーは感覚の瞑想について、こういう言い方をしています。「まず自分の心から一切の思考を排し、一切の先入観や予断を取り去りなさい。そして一つの植物を観察しなさい。自分の目、肉眼でみえるところを正確に観察していきます。その植物はどういう形をしているのか、どういう構造をしているのかを詳しく見るのです。その植物全体を見つめた後、それを自分の内側に取り入れます。それによって何が心の中に生じるのか。たとえば目を閉じて自分の中に生じるものに目を向けなさい。」

これについても、単なる成功がもたらされるかどうかではなく、このような訓練を繰り返すことによって、世界へのかかわり方がまったく変わってくるといいます。このような修行の要素をみなさんの生活に取り入れることについては、ぜひやってみてくださいと勇気づけをしたいと思います。その際、それがどういう成功をもたらすのかは考えずに、それが本来あるべきことだから、あるいはそれが自分を力づけてくれるからという理由で、試してみるとよいと思います。

自己教育の目標

こういった訓練を通して形成される精神的な器官は、チャクラと呼ばれます。そのような修行の成果は、もしかすると生まれ変わった次の人生で、べつの能力として私たちに備わることになるかもしれません。そのときは、新しく備わった能力をもって、人類のために働くことができるでしょう。しかし、そのための準備、そのための修行は、今から始める必要があるのです。

さて、スピリチュアルなものに到達するための、もっと即効性のある修行の道も存在します。速い、即効的な修行です。それについてシュタイナーは警告を発しています。というのも、現代の人間は明るい意識をもって、完全に目覚めた状態で自分自身に働きかけ、自分でチャクラを形成していく必要があるからです。素早く精神的な知覚能力を開発して何かを見たいということになれば、私たちの中の精神的な器官は健康なかたちで育成されることはありません。どうしてこういうビジョンがみえるのか、いったいこれは何なのだろうかと、自分では理解できないままに、さまざまな精神的な体験に見舞われることになります。それによって、いろいろな過ちに陥り、欺かれることがあるのです。チャクラが、今生きている間に形成されるのか、来世になって初めて形成されるのかは、じつはどうでもよいことです。大事なことは、そのチャクラが健康に形成されるということです。

ここでの基準は、自我意識が完全に目覚めたかたちで修行の道に寄り添っている、ということです。たとえば、精神疾患や麻薬の使用によっても、精神的なビジョンを見ることがあります。

しかし、そこでみえてきたものがいったい何を意味しているのかは、わからないままにとどまります。

それでは、みなさんの生活の中に、この修行の要素をちょっとでも取り入れてくださる、そういう勇気をもっていただければ、嬉しく思います。ありがとうございました。

（二〇一六年七月二十四日）

感謝とともに

私は幸いにも東京で行なわれた日本シュタイナー幼児教育協会主催の教員養成講座および大阪で行なわれたレインボーサークルと神戸シュタイナー教育を学ぶ会共催で実現できた関西乳幼児教育教員養成コースにおいて、三度ペッターさんの発達論「歩く・話す・考える」の講義を聞く機会に恵まれました。その講義内容はもちろんテーマは同じですが、毎回内容に深みと広さが増し、聞く度に新たな学びを得ることができました。

今回、講師と通訳、関西で行なわれた教員養成コースの共催団体、レインボーサークルの許可を得て、大阪で行なわれた講義を、このような形でみなさまに紹介できることを本当にうれしく思います。

みなさまもおそらく憂慮されているのではないかと思いますが、世界はすごいスピードで変化しています。当然子育てもその変化の影響を受けて、何を大切にして子どもを育み、子どもに何を伝え、未来に託すべきか、その選択は数十年前はおろか数年前と比べても非常に難しく困難をきわめているように思います。そんないま、私にはシュタイナー教育の中心ともいえる「意志の教育」の持つ意味をしっかり考え、子育てに具現化していく知恵を大人が持つことが大事だと思っています。

学ぶ会のスタッフが何度もテープを聞き直しながら文字に起こしてくれた講義録を今回読み直してみて、あらためてこの講義録をこれから子育てをする方々や先生はもちろん、既に子育てを終えた方々にも若い世代に何を残せるか、どのようなエールを送ることができるかという視点と、「いま」を生きている現役の社会人という立場から読んで欲しいと強く思いました。

このささやかな冊子をみなさまのお手元に届けることができましたことを、講師のペッターさん、通訳と編集に関わってくださった入間カイさんをはじめ、本の誕生に関わってくださったすべての方々に深く感謝します。

＊

二〇二〇年三月末に「神戸シュタイナー教育を学ぶ会」主催で、長年待ち望んでいたウルリケ・ペッターさんとフランツィスカ・シュパーリンガーさんの講演会を大阪で開催する予定になっていました。その際、この講演録を会場でご紹介する予定にしていましたが、その直前の二月、新型コロナウイルスという未知のウイルスが瞬く間に世界中に広がり、世界は一変してしまいました。

幸いおふたりの講師と、通訳をお願いしている入間カイさんのご尽力で、講演会は中止にすることなく二〇二〇年十月に延期することになりましたが、それも叶うことができず、二〇二一年十月に再延期ということになってしまいました。

今回、入間カイさんと出版社のご尽力でこの講義録を大阪での講演会の前にお届けできることになりましたことを本当に感謝しております。そして、二〇二一年十月に無事に大阪での講演会を開催することができ、この本を手に取ってくださった方々と会場でお会いできることを心より願っております。

二〇二〇年十二月

神戸シュタイナー教育を学ぶ会代表

上原幸子

訳者あとがき

お手元のこの本は、関西乳幼児教育教員養成コースで二日間にわたって行われた連続講義「歩く・話す・考える」および「教師と保育者の自己教育」（二〇一六年七月二十三日、二十四日）の文字起こしをもとに、著者とやりとりをしつつまとめたものです。同講座の共催団体のひとつである「神戸シュタイナー教育を学ぶ会」の上原幸子さんが文字起こし原稿を用意してくださり、この内容を日本における保育・幼児教育に関わる多くの方々にお届けしたいという思いから、出版の可能性を探ることになりました。

「歩く・話す・考える」（歩行・言語・思考）は、シュタイナー教育の基本中の基本となる考え方です。シュタイナー教育が難解で、どこか得体が知れない（怪しげな）ところがあると思われている方も、本書をお読みになれば、シュタイナー教育が何を大事にしているのか、何を目指しているのかを理解していただけるのではないかと思います。

最近では日本の幼児教育においても主体的な学びやアクティブ・ラーニングという言葉が盛んに使われますが、「主体性」とはどういうことなのか、あまり深く考えたり議論したりする機会が少ないように感じます。シュタイナー教育では、人間の主体性は、赤ちゃんが自分の意志で立ち上がり歩き出すこと、言葉を発すること、そしてその言葉をもとに考え始めることの中にあると考えています。そこに一人ひとりの主体性の源である思考・感情・意志の基盤があるということです。

子どもが三歳になる頃までに、自分で立ち、歩き、言葉を発し、考えようとする衝動が内側から出てきます。それは、人間の中の最も根源的な欲求であり、表現の自由や思想の自由を含む基本的人権の根拠であるともいえます。シュタイナー教育は、一人ひとりの人間が自立し、発言

（表現）し、考えることをすべての中心においています。その点では、他の教育論と食い違うところはあまりないと思います。ただ、シュタイナー教育が、捉えどころがないと思われてしまうのは、本書に出てくるように、「目にみえない世界」や、民族や時代精神、自己教育といった教師や保育者の内面に触れる事柄が述べられるからです。しかし、それは一人ひとりが、子どもの内から出てくる歩行、言語、思考への衝動をどこまで具体的に、自分に引き寄せて受けとめることができるか、という試行錯誤の道筋であると考えることができます。私たちは個人として自分の足で立ち、言語を何らかの民族や集団と共有し、思考において同時代の人々と共振しているといえます。子どもの中から成長過程として現れてくる歩行、言語、思考は、そのまま個人の尊厳と社会形成につながっています。シュタイナー教育はそのことを、――ヨーロッパの文化圏においては天使や大天使といった象徴を用いながら――、可能な限りリアルに、イメージ豊かに捉えようとします。それは一人ひとりの子どもの個性を自分なりに徹底して尊重しようとする努力の現れです。そこに、本書の後半で取り上げられる教師・保育者の自己教育とのつながりも見えてきます。子どもの主体性や自発性の発現としての歩行、言語、思考に目を向ける中で、その成長過程を支えるためには、大人が自分自身の思考、感情、意志を意識的に培って、自分の運命に対しても主体的に向き合う努力をしなければならないという気づきに至ります。そこに保育者や教師という職業を選んだ人間の覚悟や矜持を見ることができます。

私がウルリケ・ペッターさんと初めて出会ったのは、二〇〇九年に始まった一般社団法人日本シュタイナー幼児教育協会の教員養成に携わっていたときのことです。当時の日本の状況の中で、本当に社会に根づくようなシュタイナー幼児教育のあり方を探っていた私にとって、教員養成というのは非常に重い課題でした。協会の中では、日本におけるシュタイナー幼児教育の質を維持すること、そしてパイオニア世代が築いたシュタイナー幼稚園を引き継ぎ、発展させてくれる後進を見つけ育てることが喫緊のテーマでした。しかし従来の、ヨーロッパから講師を招き、翻訳通訳を通してシュタイナー教育の理論と実践を伝えていくという方法では、日本の子どもたちや文化的社会的現実に向き合う創造的な取り組みは生まれてこないように思われました。そこで、二つのアプローチを同時に行うことを考えました。一つはヨーロッパの最新の研究や実践に学ぶこと、もう一つはヨーロッパの講師たちと対等な立場で、日本の状況に相応しい保育のあり方を一から模索するということでした。世界のシュタイナー教育のネットワークの中心にあるスイス・ドルナッハのゲーテアヌム教育部門に連絡をとり、そのようなアプローチで行う教員養成講座に対してゲーテアヌムから修了証を発行してもらえるかどうかを打診しました。今から思えばかなり厚かましい要請でしたが、当時の教育部門代表クリストフ・ヴィーヒェルト氏は私たちの新しい試みを受け止め、彼が信頼するチューリッヒの幼稚園教師フランツィスカ・シュパーリンガーさんとともに教員養成講座の内容を作り上げるのであれば、その講座の修了証を日本シュタイナー幼児教育協会とともにゲーテアヌムが発行するということは可能だ、と言ってくれました。そして、日本の教員養成講座への責任を共に担ってくれたシュパーリンガーさんが「ヨーロッパの最新の研究と実践」を踏まえた講義を任せることができる人として名前を挙げたのがウルリケ・ペッターーさんだったのです。

彼女の講義を初めて通訳したとき、例えばシュタイナーの『一般人間学』の内容を講義するにあたって、シュタイナーというよりも時間生物学や睡眠研究を引き合いに、現代人にとっても分かりやすく、理屈の通ったお話をされていたのが記憶に残っています。そのペッターーさんが、シュタイナー教育の中心的なテーマとして繰り返し取り上げていたのが、本書に収められている「歩く・話す・考える」（歩行・言語・思考）ということでした。

ペッターさんやシュパーリンガーさんとの最初の出会いから、日本では二〇一一年に東日本大震災と原発事故が起こり、二〇二〇年には新型コロナウイルスの蔓延が世界を覆いました。その中で強く意識させられるのが、人間の中の個性（多様性）と普遍性を同時に視野に入れることの大切さです。一つひとつの事柄が、世界とつながっています。一人ひとりの個性を見つめ、地域に特有の習慣や行事の意味を探るなかで、人間の普遍性が浮かび上がります。シュタイナー教育はヨーロッパのドイツ語圏で生まれた思想ですが、人間が歩く、話す、考えることから人生を始めることは人類共通だといえます。その共通の原点を踏まえたところから、放射線や感染拡大の予防を含め、さまざまに制限される環境の中で本当に大切なことは何かを見つめ、個人、文化、社会の多様性に応じた教育実践のあり方を探っていくことができるのではないでしょうか。

本書におけるペッターさんの説明は、やさしい語り口のなかにも、一つの明確な考えの道筋を辿ることができます。それは特定の教育観や思想的立場に限定されることなく、いろいろな教育現場での実践や研究に参考にしていただける可能性を含んでいます。そこに、ご自身も長年私立幼稚園の園長を務められ、子どもたちに向き合ってこられた上原さんが、この本の出版に熱意を傾けられた理由があるのではないかと思っています。その意味で、ペッターさんの語りかけが、この本を手に取ってくださった方の心に伝わることになれば、訳者としてもとても幸せに感じます。

最後に、本書の出版を企画し私に声をかけてくださった上原幸子さん、日本での出版を了承してくださった著者のウルリケ・ペッターさん、そして本書の内容に意義を認め、出版を引き受けてくださった水声社社主の鈴木宏さん、並びに編集において大変お世話になった飛田陽子さんに、心からお礼を申し上げます。

入間カイ

二〇二〇年十二月二十二日

著者／訳者について――

ウルリケ・ペッター（Ulrike Poetter）　一九五六年、ドイツ北部キールに生まれる。教育者、神学者、職業訓練指導者、オイリュトミー療法士として、自閉症を中心とする治療教育の領域で活動。ドルナッハ・アントロポゾフィー教育アカデミー、チューリッヒ・初等教育研究所にて乳幼児教育を担当。スイス・ドルナッハ在住。

＊

入間カイ（いるまかい）　一九六三年、鎌倉市に生まれる。幼少期をドイツで過ごし、中高生時代にイギリス・アメリカに留学。上智大学比較文化学科卒業後、英独の通訳・翻訳業。現在、那須みふじ幼稚園園長。

あるく・はなす・かんがえる——ウルリケ・ペッター講義録

二〇二一年二月二〇日第一版第一刷印刷　二〇二一年二月二七日第一版第一刷発行

著者——ウルリケ・ペッター
訳者——入間カイ
装幀者——齋藤久美子
発行者——鈴木宏
発行所——株式会社水声社
東京都文京区小石川二—七—五　郵便番号一一二—〇〇〇二
電話〇三—三八一八—六〇四〇　FAX〇三—三八一八—二四三七
［編集部］横浜市港北区新吉田東一—七七—一七　郵便番号二二三—〇〇五八
電話〇四五—七一七—五三五六　FAX〇四五—七一七—五三五七
郵便振替〇〇一八〇—四—六五四一〇〇
URL : http://www.suiseisha.net
印刷・製本——精興社
ISBN978-4-8010-0549-5
乱丁・落丁本はお取り替えいたします。